はじめに

「英語ができるようになりたいけれど、何をしたら良いかわからない。」
「今の英語勉強法が効果的かわからない。」
「英語の勉強を頑張っているのに、なかなかできるようにならない。」

この本を手に取ってくださったあなたは、このように悩んでいませんか。

私たち*は英語を学ぶとき、母国語である日本語を通して理解します。**その英語がどういう意味か、なぜそのような英文法を使うのか、まず日本語できちんとわかることが大切**なのです。

* 長年英語圏で生活している、父親や母親の母国語が英語である、バイリンガルの人は除きます。

母国語である日本語は、幼いころからたくさん言葉を聞いて、自然と習得できましたね。しかし、外国語である英語はそうはいきません。意味がわかっていないのに、英語をシャワーのように浴びても英語の力は伸びないのです。

日本語を通して英語をきちんと理解できるように、本書は日本語の解説を充実させました。新出の文法項目に対して、基本的に**左ページ：日本語解説、右ページ：英語解説**という構成になっています。しっかりと見比べて、日本語でいうとどういうことか、なぜそのような英語になるのかを理解してほしいと思います。

学習を進めていくと、英語圏と日本語圏では文化が異なり、そのちがいが言語にも表れていることに気づくはずです。**文化や考え方のちがいを理解することも、外国語の学習の醍醐味**です。ぜひ楽しみながら、日本語と英語を比べて、両者の理解を深めましょう！

オーダーメイド自律学習支援教室「テラック」代表　名古次恵

目次

日本語と英語のちがいがわかる解説と
やさしい問題を繰り返して、
英文法の基礎を固めよう！

Q．次の文は㋐～㋓のどれにあたりますか。

① 私たちは走ります。

② その本は机の上にあります。

③ サチコは若いです。

④ 私は生徒です。

㋐ 何が（は）どうする

㋑ 何が（は）どんなだ

㋒ 何が（は）なんだ

㋓ 何が（は）いる、ある

A．①─㋐、②─㋓、③─㋑、④─㋒

日本語の文を大きく分けると、「何が（は）どうする」「何が（は）どんなだ」「何が（は）なんだ」「何が（は）いる、ある」の四つの文型になります。

① 「何が（は）どうする」

「どうする」は、主語の動作や状態を表します。

私たちは 走ります。
　主語　　　述語

①と②の述語はどちらも動詞だね。

② 「何が（は）いる、ある」

「いる、ある」は主語の存在を表します。

その本は 机の上に あります。
　主語　　　　　　　　述語

③ 「何が（は）どんなだ」

「どんなだ」には形容詞や形容動詞があてはまり、主語の様子を表します。

サチコは　若いです。
主語　　　　述語

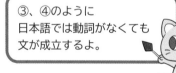

③、④のように
日本語では動詞がなくても
文が成立するよ。

④ 「何が（は）なんだ」

「なんだ」には名詞があてはまり、主語＝名詞という関係性を表します。

私は　生徒です。
主語＝述語

日本語の文は、述語によって文型を分けるのですね。では、英語はどうでしょうか。

★英語の文型は次の五つに分けられます。

第１文型 SV 　　「何が－どうする／いる・ある」
第２文型 SVC 　「何が－なんだ／どんなだ」
第３文型 SVO 　「何が－どうする－何を」
第４文型 SVOO 「何が－どうする－何に－何を」
第５文型 SVOC 「何が－どうする－何を－何に（と）」

英語では、C（補語）やO（目的語）があるかどうかで
文型を分けます。

> S → subject（主語）
> V → verb（動詞）
> O → object（目的語）
> C → complement（補語）
> 補語とは、主語や目的語が
> 何か・どういう状態かを
> 表す言葉だよ。

左ページの日本文を、英語の文型に分けると次のようになります。

① We run. 　　　　　　　　　➡　第１文型 SV
　　 S 　V

② The book 　is 　〔on the desk〕. ➡　第１文型 SV
　　 S 　　V 　　副詞句

> 副詞句は文型を構成する要素になりません。

③ Sachiko 　is 　young. 　　➡　第２文型 SVC
　　 S 　　　V 　　C

④ I 　　am 　a student. 　　➡　第２文型 SVC
　　S 　　V 　　C

日本語の文型	英語の文型
何が（は）いる、ある	第１文型 SV
何が（は）どうする	第１文型 SV
	第３文型 SVO
	第４文型 SVOO
	第５文型 SVOC
何が（は）どんなだ	第２文型 SVC
何が（は）なんだ	

> 英語では、O（目的語）やC（補語）
> の有無によって文型が変わるよ。
> でも日本語では、「何が（は）どうす
> る」という同じ文型だね。

次のページからは英語の５文型について詳しく学びましょう。

第1文型 SV （何が－どうする／いる・ある）

私たちは　走ります。   We   run.
                                 S   V

その本は　机の上に　あります。   The book   is   〔on the desk〕.
                                     S   V   副詞句

〈S＋V〉で構成された英文は第1文型です。主語と動詞の組み合わせで文が成り立っています。

第2文型 SVC （何が－なんだ／どんなだ）

私は　生徒です。   I   am   a student.
                     S   V   C

I	=	a student
S		C

サチコは　若いです。   Sachiko   is   young.
                     S   V   C

Sachiko	=	young
S		C

〈S＋V〉だけでは文が不完全なとき、〈S＋V＋C（補語）〉で意味を補います。これが第2文型です。

サチコは～です。
Sachiko is.

サチコが何なんだろう？

サチコは若いです。
Sachiko is young.

サチコは若い人なんだね！

「I am（私は～です）」「Sachiko is（サチコは～です）」だけでは情報が不足していますね。
「I am a student.（私は生徒です。）」「Sachiko is young.（サチコは若いです。）」というように、
C（補語）があることで文が完成します。Cには、名詞や形容詞があてはまります。

第3文型 SVO（何が－どうする－何を）

私は　りんごを　食べます。　　I　eat　apples.
　　　　　　　　　　　　　　　 S　 V　　O

食べる

〈S＋V〉にO（目的語）が加わり、〈S＋V＋O〉の形をした英文が第3文型です。
動作の対象がわかる文になっています。

私は食べます。
I eat.

何を食べるんだろう？

私はりんごを食べます。
I eat apples.

りんごを食べるんだね。

「apples（りんごを）」という目的語があることで、具体的な文になりますね。

☆S, V, O, C とは何か

　S　→　subject　　　（主語）

　V　→　verb　　　　（動詞）

　O　→　object　　　（目的語）

　C　→　complement（補語）のことです。

☆C と O のちがい

　C（補語）は主語や目的語の情報を補いますが、O（目的語）は V（動詞）の動作の対象を
　表します。C には名詞や形容詞が、O には名詞があてはまります。

　　〈第2文型〉　This　is　an apple .　　　an apple は「this」の情報を補っています。
　　　　　　　　　S　　V　　　C

　　〈第3文型〉　I　eat　 apples .　　 apples は「eat」という動作の対象を表します。
　　　　　　　　 S　V　　　O

第4文型 SVOO（何が－どうする－何に－何を）

私は　あなたに　英語を　教えます。　　I　teach　you　English.
　　　　　　　　　　　　　　　　　　　　S　　V　　　O　　　O

教える　　　　　　　　あなたに　　　英語を

彼は　彼女に　時計を　買いました。　　He　bought　her　a watch.
　　　　　　　　　　　　　　　　　　　S　　　V　　　O　　　O

買う　　　　　　　　彼女に　　　時計を

上の文には、「① you（あなたに）② English（英語を）」「① her（彼女に）② a watch（時計を）」
というように、働きかける対象が二つ含まれています。
〈S ＋ V ＋ O（人）＋ O（物）〉というように目的語が二つある文は、英語では第4文型に分類されます。
第3文型 SVO（何が－どうする－何を）にもう一つ働きかける対象が加わり、SVOO（何が－ど
うする－何に－何を）という形をしています。

☆他にも次のような動詞が第4文型を取ります。
　give（与える）、tell（言う）、show（見せる）、send（送る）など

「人」と「物」の順番を入れかえるとき、〈S ＋ V ＋ O（物）＋ O（人）〉とはできません。
〈S ＋ V ＋ O（物）＋ to ＋ O（人）〉〈S ＋ V ＋ O（物）＋ for ＋ O（人）〉というように前置詞
が必要です。

　　〈第4文型〉　I　teach　you　English.
　　　　　　　　　　　　　　人　　　物

　　〈第3文型〉　I　teach　English 〔 to　you〕.
　　　　　　　　　　　　　　物　　　副詞句 人

前置詞が付いた〈to/for ＋ O（人）〉は副詞句になります。
第3文型の〈S ＋ V ＋ O（物）〉に副詞句〈to/for ＋ O（人）〉が付いている形です。

第5文型 SVOC（何が－どうする－何を－何に（と））

その写真は　私を　幸せに　します。　The picture　makes　me　happy.
　　　　　　　　　　　　　　　　　　　　S　　　　　V　　　O ＝ C

私は　彼を　トムと　呼びます。　I　call　him　Tom.
　　　　　　　　　　　　　　　　S　V　　him ＝ Tom

上の文は、「me（私）＝ happy（幸せ）」「him（彼）＝ Tom（トム）」というように、
後に続く形容詞や名詞が、目的語の情報を補っています。
〈S ＋ V ＋ O（目的語）＋ C（補語）〉の形をした英文を第5文型といいます。
C（補語）は O（目的語）の情報を補い、詳しく説明しています。

> 第2文型と同じように、
> C（補語）には名詞や形容詞が
> あてはまるよ。

☆他にも次のような動詞が第5文型を取ります。
　name（名付ける）、keep（保つ）、think（思う）、find（わかる）など

☆第4文型と第5文型のちがい
　第4文型「何が－どうする－何に－何を」と第5文型「何が－どうする－何を－何に（と）」
は、日本語で考えると意味が似ていますね。日本語ではどちらも「何が－どうする」の文
型に分類されますが、英語では次のように区別します。

　　　　　　　　　　　　　　　①　　　②
〈第4文型〉　何が－どうする－何に－何を　➡「どうする（動詞）」の働きかける対象が二つ

〈第5文型〉　何が－どうする－何を　何に（と）　➡「何に（と）」が「何を」の情報を補う

日本語では「何が－どうする」という一つの文型にまとめられる文でも、英語では動詞が働きか
ける対象の有無・数によって、第1・3・4・5文型を区別します。

基本問題

【Ⅰ】 日本文と同じ意味にするとき、（　　　　）内の英語のうち正しいもの
を○で囲みましょう。

（１） トムは私に英語を教えます。

Tom teaches (English me / me English).

（２） 私は彼に日本語を教えます。

I teach (Japanese for him / Japanese to him /
Japanese him).

（３） 彼はメアリーに財布を買いました。

He bought (a wallet Mary / Mary a wallet).

名 wallet
財布

（４） 私は弟に自転車を買うつもりです。

I will buy (a bike my brother / a bike to my brother /
a bike for my brother).

（５） 彼らは私をサチコと呼びます。

They call (Sachiko me / me Sachiko).

（６） その絵を見ると、私は幸せな気分になります。

The picture makes (me happy / happy me).

〈S＋V＋O(物)＋O(人)〉→〈S＋V＋O(物)＋前置詞＋O(人)〉と書きかえる場合、
前置詞 to を使うときと、for を使うときがあるよ。次のような方法で見分けよう。

☆相手がいて初めてその動作が成り立つとき → to を使う
　（例）I teach English to you.「教える」という動作は相手がいないと成り立たない。

☆相手がいなくてもその動作が成り立つとき → for を使う
　（例）I bought a book for her.「買う」という動作は相手がいなくても成り立つ。

【2】 日本文と同じ意味にするとき、（　　　　）内の英語を並べかえて、正しい英文を作りましょう。文頭は大文字で書きましょう。

（1）　私はサチコにその写真を見せました。

(showed / Sachiko / picture / I / the).

_____

（2）　トムは彼の弟にその本をあげました。

(his / the / gave / book / Tom / brother / to).

_____

動 give
与える
・過去形　gave
・過去分詞 given

（3）　サチコはその部屋をきれいに保っています。

(clean / the / Sachiko / room / keeps).

_____

動 keep
保つ

形 clean
清潔に、きれいに

（4）　彼はその本がおもしろいとわかりました。

(found / interesting / he / book / the).

_____

動 find
見つける、わかる
・過去形　found
・過去分詞 found

（5）　私たちはその犬をポチと名付けました。

(Pochi / we / dog / named / the).

_____

動 name
名付ける

練習問題

【1】 次の英文には誤りがあります。誤りを直して日本文に合う英文に書き
かえましょう。

（1） 私は弟に数学を教えます。

I teach math for my brother.

_____

（2） 彼はメアリーに手紙を送りました。

He sent a letter Mary.

_____

動 send
送る
・過去形　　sent
・過去分詞 sent

（3） 彼は彼女に時計を買いました。

He bought a watch to her.

_____

（4） そのお話は私を悲しい気分にさせました。

The story made I sad.

_____

（5） 私はその少年を太郎と呼びます。

I call Taro the boy.

_____

【2】 次の日本文を英文にしましょう。

（1） 私の母はその部屋をきれいに保っています。

_____

（2） 私はそれが簡単だとわかりました。

_____

形 easy
簡単な

（3） 彼らはそのネコをタマと名付けました。

_____

（4） その先生は私たちに英語を教えます。

_____

（5） サチコは私にその手紙を見せました。

_____

A B C

> トムは日本を訪れたことがあります。
> 私たちは一時間（ずっと）テニスをしています。

Q.［　　　］の意味にするとき、（　　　　）にあてはまる言葉を[_____]から選びましょう。

① ［経験］　トムは日本を訪れた（　　　　　　　　　　）。

② ［完了］　私はちょうどその部屋を掃除した（　　　　　　　　　）。

③ ［継続］　サチコは十年間（ずっと）トムを知って（　　　　　　　　）。

> ところです　　ことがあります　　います　　ことができます

A. ① ことがあります　　② ところです　　③ います

●日本語での経験と完了

「～したことがあります［経験］」、「～したところです、～してしまいました［完了］」は、過去の動作や出来事としてとらえるのが一般的な感覚ですね。

［経験］　トムは日本を訪れたことがあります。
［完了］　私はちょうどその部屋を掃除したところです。　　➡　過去の動作や出来事

●日本語での継続

「（ずっと）～しています［継続］」は、現在の動作や出来事としてとらえられます。始まったのは過去ですが、現在もその動作をしている、あるいはその状態が続いているからです。

［継続］　サチコは十年間（ずっと）トムを知っています。　　➡　現在の動作や出来事

●動作を表す言葉と状態を表す言葉

「（スポーツなどを）する」「掃除する」「勉強する」などの表現は動作を、「知っている」「友達だ」「好きだ」などの表現は状態を表しますね。

私たちは一時間（ずっと）テニスをしています。　➡　動作の継続
サチコは十年間（ずっと）トムを知っています。　➡　状態の継続

テニスをする（動作）　　　　　　　　　　知っている（状態）

> Tom has visited Japan.
> We have been playing tennis for an hour.

★「～したことがあります［経験］」、「～したところです、～してしまいました［完了］」、「ずっと～しています［継続］」というとき、動詞を〈have + 過去分詞〉にします。これを現在完了形といいます。

［経験］　Tom has visited Japan.　トムは日本を訪れたことがあります。

［完了］　I have just cleaned the room.　私はちょうどその部屋を掃除したところです。

［継続］　Sachiko has known Tom for ten years.　サチコは十年間（ずっと）トムを知っています。

> 過去分詞の基本形は〈動詞の原形 + ed〉。
> 不規則な変化をするものもあるから、
> p. 140をチェックしよう。

★「（ずっと）～しています［継続］」というとき、動作の継続を表すか、状態の継続を表すかで動詞の形が異なります。動作の継続を表すとき、〈have + been + 動詞 ing〉にします。これを現在完了進行形といいます。

［動作の継続］　We have been playing tennis for an hour.
　　　　　　　私たちは一時間（ずっと）テニスをしています。

状態の継続を表すとき、動詞を〈have + 過去分詞〉にして、現在完了形にします。状態動詞は現在完了進行形にできないので注意しましょう。

［状態の継続］　Sachiko has known Tom for ten years.
　　　　　　　サチコは十年間（ずっと）トムを知っています。

> 動作を表す動詞 …… clean（掃除する）、study（勉強する）、eat（食べる）など
> 状態を表す動詞 …… know（知っている）、like（好きだ）など

基本問題

【1】 日本文と同じ意味にするとき、（　　　）内の英語のうち正しいもの
を○で囲みましょう。

（1） トムは五年間ずっとサチコのことが好きです。

Tom (likes / has liked / has been liking) Sachiko for five
years.

（2） 先月から彼は彼女を待ち続けています。

He (has been waiting / waited / is waiting) for her since
last month.

先月

（3） 私はちょうど宿題を終えたところです。

I (have just finished / just finished) my homework.

副 just
ちょうど
☆現在完了形の
中で、just は
have と過去分詞
の間に置く。

（4） サチコはそのケーキを食べてしまいました。（だからケーキはもうない）

Sachiko (eats / ate / has eaten) the cake.

（5） 私は五年間東京に住んでいます。

I (have lived / am living / live) in Tokyo for five years.

（6） 私は今朝からずっと英語の勉強をしています。

I (study / studied / have been studying) English since
this morning.

（7） 彼女はその部屋をちょうど掃除したところです。

She (just has cleaned / has just cleaned /
is just cleaning) the room.

（8） 私はその本を二回読んだことがあります。

I (have read / am reading / read) the book twice.

副 twice
二回

【2】 日本文と同じ意味にするとき、(　　　) 内の英語を並べかえて、正しい英文を作りましょう。文頭は大文字で書きましょう。

（1） 一週間ずっと雨が降っています。

(has / for / it / been / a / raining / week).

このitは「それ」ではなく天候を表すitだよ。
p.117をチェック！

_____

（2） 私たちはその窓を割ってしまいました。（その窓は今でも割れたまま）

(broken / we / the / have / window).

動 break
壊す
・broken
break の過去分詞

_____

（3） 私は昨年からずっとサチコのことを知っています。

(year / have / since / I / known / last / Sachiko).

_____

（4） 私の兄はちょうど宿題を終えたところです。

(homework / my / his / has / brother / finished / just).

_____

（5） 彼の妹は昨日からずっと数学の勉強をしています。

(math / his / has / been / sister / yesterday / studying / since).

_____

練習問題

【1】 次の英文には誤りがあります。誤りを直して日本文に合う英文に書きかえましょう。

（1） トムとメアリーは三年間ずっと友達です。

Tom and Mary are friends for three years.

_____

（2） トムは2020年からロンドンに住んでいます。

Tom has lived in London for 2020.

_____

（3） 私は彼女のことを二年間知っています。

I have been knowing her for two years.

_____

（4） 彼らは一時間ずっと走り続けています。

They are running for an hour.

_____

（5） 私の父は三回、奈良を訪れたことがあります。

My father has been visiting Nara three times.

_____

・three times
三回

18

【2】 次の日本文を英文にしましょう。

（1） 私はちょうど昼食を食べたところです。

_____

（2） 私たちは昨年から友達です。

_____

（3） 私の弟はちょうど宿題を終えたところです。

_____

（4） 私の姉は二時間ずっと英語の勉強をしています。

_____

（5） 私は五年間ずっと京都に住んでいます。

_____

（6） その少年は今朝からずっとサッカーをしています。

_____

〈for＋期間〉〈since＋起点〉のちがいに注意しよう！
I have lived in Tokyo for three years.
I have lived in Tokyo since 2020.

A B C

> ## 私の自転車は盗まれました。

Q. 次の二つの文を同じ意味にするとき、（　　　　）にあてはまる言葉は何でしょうか。

その少年があの窓を割りました。　→　あの窓はその少年によって（　　　　　　）ました。

A. 割られ

主語、すなわち話題の中心を何にするかによって、動詞の形が変わります。

動作の受け手を主語にすると、動詞は「〜れる／られる」という受け身の表現になります。

話題の中心が「その少年」の場合

 割った 　　　その少年は あの窓を 割りました。

話題の中心が「あの窓」の場合

 割られた  　　　あの窓は その少年によって 割られました。

● だれがやったかがわからない場合、「だれかに」を省略して言うこともできます。

だれかが 私の自転車を 盗みました。　→　私の自転車は（だれかに）盗まれました。

● 主語を言わなくても通じるとき、日本語では省略されます。例えば「夜に星が見える。」という
表現について、省略されている言葉を補ったり、詳しく解釈したりすると、次のようになります。

夜に（私たちは）　　　その星を 見ることができます。

→ 夜に（私たちによって）その星が 見られます。（受け身＋可能）

My bike was stolen.

★「～れる／られる」という受け身の表現にするとき、動詞を〈be 動詞＋動詞の過去分詞〉の形にします。これを受動態といいます。「（人・物）によって」というように、動作の行為者を表す場合は by を使います。

> The boy   broke   that window.   その少年があの窓を割りました。
> → That window was broken by the boy. あの窓はその少年によって割られました。
> 　　　　　　　　　↳be 動詞は主語・時制によって変化します。

☆英語でも日本語と同じように、だれがやったかがわからないとき、「by someone（だれかによって）」は省略されることが多いです。

> Someone   stole   my bike.   だれかが私の自転車を盗みました。
> → My bike   was stolen (by someone). 私の自転車は（だれかに）盗まれました。

☆日本語で言わなくても通じる主語は省略されますが、英文には主語が必要です。受動態にすると目的語は主語になります。能動態の文で主語だった「by ○○（○○によって）」は言わなくても通じるため、省略する方が自然です。

> ［能動態］ We   can see   the star   at night.
> 　　　　　私たちは夜にその星を見ることができます。
> → ［受動態］ The star can be seen （by us） at night.
> 　　　　　夜にその星は（私たちによって）見られます。

☆「夜に星が見える！」 → × The star can see at night.
「see（見る）」を使う場合は、人が主語になります。
次のような表現はできません。
　　× The star can see at night. →「その星は夜に見ます。」となり、意味が通りません。

「appear（現れる）」という動詞を使って、次のような表現もできます。
　　○ The star appears at night. → その星は夜に現れます。 ＝ その星は夜に見えます。

日本語で「見る」と「見える」は似ていますが、英語にするときは主語と述語の関係をしっかりと確認する必要があります。

基本問題

【1】 日本文と同じ意味にするとき、（　　　）内の英語のうち正しいものを〇で囲みましょう。

（1） その少年たちは窓を割りました。

The boys (break / broke / was broken) the window.

動 break
壊す
・過去形　broke
・過去分詞 broken

（2） 窓はその少年たちに割られました。

The window (break / broke / was broken) by the boys.

（3） 私の犬がそのグラスを割りました。

My dog (breaks / broke / was broken) the glass.

（4） そのグラスは私の犬に割られました。

The glass (breaks / broke / was broken) by my dog.

（5） その図書館は昨年建ちました。

The library (built / is built / was built) last year.

動 build
建てる
・過去形　built
・過去分詞 built

（6） 来年、図書館が建つ予定です。

A library (will built / will be built) next year.

（7） その星は夜に見られますか。

(Can the star be seen / Can be seen the star) at night?

（8） カナダでは英語が話されますか。

(Does English speak / Do English spoken /
Is English spoken) in Canada?

　　　—はい、話されます。

Yes, (they do / it is / it does).

【2】 日本文と同じ意味にするとき、（　　　）内の英語を並べかえて、正しい英文を作りましょう。文頭は大文字で書きましょう。

（1） そのコンピューターはメアリーに使われる予定です。

（ be / by / the / used / Mary / computer / will ）.

_____

（2） 昨日、彼女の財布が盗まれました。

（ her / stolen / yesterday / was / wallet ）.

動 steal
盗む
・過去形　　stole
・過去分詞 stolen

_____

（3） このお皿は私のネコに割られませんでした。

（ my / dish / not / was / cat / broken / by / this ）.

_____

（4） そのサッカー選手は多くの人に知られていますか。

（ known / many / is / soccer / people / to / player / the ）？

_____

― はい、知られています。

（ he / is / , / yes ）.

_____

「〜に知られている」は〈be 動詞＋known to〜〉だね。
by ではないので気を付けよう。

練習問題

【1】 次の英文には誤りがあります。誤りを直して日本文に合う英文に書きかえましょう。

（1） このお皿は私の犬によって割られました。

This dish broken by my dog.

_____

（2） このコンピューターはトムに使われる予定ではありません。

This computer will not use by Tom.

_____

（3） この学校は先月建ちました。

This school be built last month.

_____

・last month
先月

（4） そのドアは太郎によって閉められましたか。

Did the door closed by Taro?

_____

動 close
閉める

（5） カナダでは英語とフランス語が話されます。

English and French speak in Canada.

_____

名 French
フランス語

【２】　次の日本文を英文にしましょう。

（１）　その音楽家は多くの人に知られています。

_____

（２）　その山は雪に覆われていました。

_____

（３）　日本では日本語が話されます。

_____

（４）　昨日、私の自転車が盗まれました。

_____

（５）　来年、図書館が建てられる予定はありません。

_____

特定の人ではなく「世間一般の人々」を表すとき、we, you, they などを
使います。
　　we ：話し手（自分）を含む人々一般。
　　you ：話し相手を含む人々一般。
　　they ：話し手と話し相手を含まない人々一般。

【１】　日本語と同じ意味にするとき、(　　　) 内の英語のうち正しいもの
を○で囲みましょう。　　　　　　　　　　　　　　　　(４点×10)

(１)　私は弟に本を買うつもりです。

I will buy (a book my brother / a book to my brother /
a book for my brother).

(２)　その絵を見ると、私は悲しい気分になります。

The picture makes (me sad / sad me).

(３)　私はトムに日本語を教えます。

I teach (Japanese for Tom / Japanese to Tom /
Japanese Tom).

(４)　そのグラスは私のネコに割られました。

The glass (breaks / broke / was broken) by my cat.

動 break
壊す
・過去形　　broke
・過去分詞 broken

(５)　その図書館は来年建つ予定ですか。

Will the library (built / be built) next year?

動 build
建てる
・過去形　　built
・過去分詞 built

(６)　その星は夜に見られます。

The star (can see / can be seen) at night.

(７)　その生徒たちは窓を割りました。

The students (break / broke / was broken) the window.

(８)　トムは三年間ずっと彼女のことが好きです。

Tom (likes / has liked / has been liking) her for three
years.

（９）　先週から彼は彼女を待ち続けています。

He (has been waiting / waited / is waiting) for her since last week.

（10）　私の妹はちょうど宿題を終えたところです。

My sister (has just finished / just finished) her homework.

【２】　次の英文を（　　　）の指示に従って書きかえましょう。（３点×４）

（１）　Tom will use this computer.（主語を this computer に変えて）

_____

（２）　Tom and Mary are friends.（for three years を追加して）

_____

（３）　He sent Mary a letter.（to を使って）

_____

（４）　I am studying English.（since this morning を追加して）

_____

【３】 日本文と同じ意味にするとき、（　　　）内の英語を並べかえて、正しい英文を作りましょう。文頭は大文字で書きましょう。 （４点×６）

（１） その歌手は多くの人に知られています。

(known / many / is / people / to / singer / the).

_____

（２） 一時間ずっと雨が降っています。

(has / for / it / been / an / raining / hour).

_____

（３） 私の姉は昨日からずっと科学の勉強をしています。

(science / my / has / been / sister / yesterday / studying / since).

名 science
科学

_____

（４） サチコはその部屋をきれいに保っていますか。

(clean / the / Sachiko / room / keep / does)?

動 keep
保つ

_____

（５） トムは彼の妹にその時計をあげました。

(his / the / gave / watch / Tom / sister / to).

_____

（６） 私たちはそのネコをタマと名付けました。

(Tama / we / cat / named / the).

動 name
名付ける

_____

【4】 次の日本文を英文にしましょう。　　　　　　　（4点×6）

（1）　私はそれが難しいとわかりました。

_____

形 difficult
難しい

（2）　富士山は雪に覆われています。

_____

名 Mt. Fuji
富士山
動 cover
覆う

（3）　昨日、彼の辞書が盗まれました。

_____

名 dictionary
辞書

（4）　私たちは二時間ずっと英語の勉強をしています。

_____

（5）　トムは昨年からずっと京都に住んでいます。

_____

（6）　サチコは私にその写真を見せました。

_____

4. 動詞による修飾 —— 現在分詞と過去分詞

> 泣いている赤ちゃんを見て。
> 私は盗まれた財布を見つけました。

Q.（　　　　）にあてはまる言葉を┌──┐から選びましょう。

① （　　　　　　　）赤ちゃんを見て。

② 私は（　　　　　　　）財布を見つけました。

┌─────────────────────────────────────┐
　　盗まれた　　メアリー　　います　　泣いている　　赤い　　元気な
└─────────────────────────────────────┘

A．① 泣いている、元気な　　② 盗まれた、赤い

（　　　　　　）には「赤ちゃん」「財布」という名詞を修飾する言葉があてはまります。

「元気な赤ちゃん」「赤い財布」というように、形容動詞や形容詞をあてはめることもできますが、「泣いている赤ちゃん」「盗まれた財布」というように、「泣く」「盗む」という動詞の形を変えて、修飾語にすることもできます。

動詞		修飾語
泣く	➡	泣いている
盗む		盗まれた

泣いている ┌赤ちゃん┐ を見て。　赤ちゃん＝泣いている

盗まれた ┌財布┐ を私は見つけました。　財布＝盗まれた

● 日本語では、修飾語の長さに関係なく、修飾語は修飾される言葉の前に置かれます。

車の中で泣いている ┌赤ちゃん┐ を見て。

英語の修飾語はどうでしょうか。

> **Look at the crying baby.**
> **I found the stolen wallet.**

★動詞に -ing や -ed を付けて形を変化させることで、形容詞のような修飾する役割を持たせることができます。これを分詞といいます。分詞には、現在分詞と過去分詞があります。

> 現在分詞「～している」（能動態）：動詞 + ing
> 過去分詞「～された」（受動態）　：動詞 + ed　※不規則変化をするものもあります。

☆分詞が一語の場合は、名詞の前に分詞を置きます。

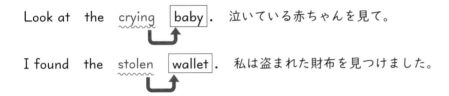

Look at　the　crying　baby.　泣いている赤ちゃんを見て。

I found　the　stolen　wallet.　私は盗まれた財布を見つけました。

☆修飾語が複数語の場合は、分詞を含む修飾語を名詞の後ろに置きます。

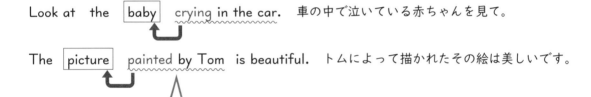

Look at　the　baby　crying in the car.　車の中で泣いている赤ちゃんを見て。

The　picture　painted by Tom　is beautiful.　トムによって描かれたその絵は美しいです。

> 「The picture（その絵）」を主語にすると、
> 「The picture was painted by Tom.（その絵はトムによって描かれました。）」となります。
> これを分詞を使って表すと、
> 「The picture painted by Tom（トムによって描かれたその絵）」となります。
> 日本語では「トムによって描かれたその絵」という表現はあまりしませんね。人を主語にして「トムが描いたその絵」とする方が自然です。
> しかし、英語で分詞を使う場合は、「絵」と「描く」の関係を考えて、受動態にする必要があります。

日本語では、修飾語は長さに関係なく、全て修飾される言葉の前に置かれましたが、英語では、修飾語の長さによって、修飾語の位置が変わるので注意しましょう。

基本問題

【１】 日本語・日本文と同じ意味にするとき、（　　　）内の英語のうち正しいものを〇で囲みましょう。

（１） 泣いている赤ちゃん

the (baby crying / crying baby)

（２） 車の中で泣いている赤ちゃん

the (baby crying in the car / cried baby in the car)

（３） 盗まれた財布

the (stealing / stolen) wallet

動 steal
盗む
・過去形　　stole
・過去分詞 stolen

（４） トムによって描かれた絵

the (painting picture / painted picture / picture painted)
by Tom

動 paint
……筆を使い、
ぬって絵を「描く」

動 write
……手紙など文章
や文字を「書く」

動 draw
……鉛筆やペンで
線を引いて「描く」

（５） フランス語を話している少女

the (speaking French girl / girl speaking French)

（６） サチコは盗まれた財布を見つけました。

Sachiko found (the stolen wallet / the wallet stolen).

（７） 私はあなたにトムによって描かれた絵を見せたいです。

I want to show you the picture (painted by Tom /
painting Tom).

（８） 私はその英語を話している少年を知っています。

I know the boy (English speaking / speaking English).

【2】 日本文と同じ意味にするとき、（　　　　）内の英語を並べかえて、正しい英文を作りましょう。文頭は大文字で書きましょう。

（1） メアリーによって描かれた絵は美しいです。

(the / by / picture / Mary / beautiful / painted / is).

_____

（2） 私は昨日、フランス語を話している少女に会いました。

(speaking / I / girl / yesterday / met / French / a).

_____

（3） その走っている男性は私の父です。

(father / the / is / my / running / man).

_____

（4） サチコは英語で書かれた本を読みました。

(read / written / English / the / in / book / Sachiko).

_____

動 write
書く
・過去形　wrote
・過去分詞 written

（5） 私の母によって作られたそのケーキはおいしかったです。

(was / cake / delicious / my / the / mother / by / made).

_____

形 delicious
おいしい

練習問題

【1】 次の英文には誤りがあります。誤りを直して日本文に合う英文に書きかえましょう。

（1） 公園で走っている男性は私たちの先生です。

The running man in the park is our teacher.

_____

（2） フランスで話される言語はフランス語です。

The language speaking in France is French.

名 language
言語

_____

（3） 私はトムによって描かれた絵が好きです。

I like the picture painting Tom.

_____

（4） その歌っている少女は私の妹です。

The girl singing is my sister.

_____

（5） あなたはその川で泳いでいる少年を知っていますか。

Do you know the swimming in the river boy?

_____

【2】 次の日本文を英文にしましょう。

（1） これはサチコによって壊されたペンです。

_____

（2） あなたはそのフランス語を話している少女を知っていますか。

_____

（3） その泳いでいる少年を見て。

_____

（4） 私はあなたに英語で書かれたその手紙を見せたいです。

_____

（5） その盗まれたお金は見つかりました。

_____

「excite（人をわくわくさせる）」「interest（人に興味を持たせる）」「surprise（人を驚かせる）」のような「物が人に（を）～させる」という動詞は、物を修飾するとき→現在分詞、人を修飾するとき→過去分詞となります。
　　the exciting game　人をわくわくさせるような試合（能動態→現在分詞）
　　the excited boy　　わくわくさせられた少年　　　（受動態→過去分詞）

「おもしろい試合」「わくわくしている少年」という日本語訳になることが多く、現在分詞と過去分詞のどちらを使うかまぎらわしいですが、動詞の元の意味を考えるとわかりやすいですね。

私はフランス語を話す少女に会いました。

Q. 波線の文の形を変えて二つの文を一つにするとき、（　　　　）にあてはまる言葉を答えましょう。
① 私は（　　　　　　　　　　）少女に会いました。（その少女はフランス語を話します。）
② これは（　　　　　　　　　　）絵です。（トムはその絵を描きました。）

A. ① フランス語を話す　② トムが描いた

一つの文を修飾語にするとき、形を変えて、修飾される名詞の前に置くと良いですね。

● 「 その少女 は フランス語を 話します。」という文の主語が、「私は 少女 に 会いました。」という文の「 少女 」と共通しています。重複する 少女 の一つが省略されて「私は フランス語を話す 少女 に 会いました。」となります。

　　　　　　　私は　少女　に　会いました。
フランス語を話す ———————↑

● 「トムは その絵 を 描きました。」という文の目的語が、「これは 絵 です。」という文の「 絵 」と共通しています。重複する 絵 の一つが省略されて「これは トムが描いた 絵 です。」となります。

　　　　　　　これは　絵　です。
トムが描いた ———————↑

「その少女はフランス語を話します。」という文では、 少女 は主語、「トムはその絵を描きました。」という文では、 絵 は目的語です。詳しく説明する文の中での元々の役割がちがっても、日本語では一つの文を修飾語にして、二つの文を一つにするやり方は同じですね。

● 日本語では、修飾語は長くなっても必ず名詞の前に置かれます。
　「私は放課後に図書館の前で出会ったフランス語を話すかわいい 少女 のことが好きです。」
というように、修飾語が長くなると何の説明をしているのか（今回の場合は「少女」）、最後まで読まないとわからないため、少し理解しづらいですね。

I met a girl who speaks French.

★一つの文を修飾語にして、二つの文を一つにするとき、英語では who, which, that などを使ってつなぎます。これを関係代名詞といいます。修飾される名詞が人のときには関係代名詞 who を、物のときには which を使います。

☆ I met a girl. The girl speaks French.（私は少女に会いました。その少女はフランス語を話します。）
　この二つの文を一つにするとき、重複する the girl を who にして〈a girl who～〉というように、a girl の後ろに続けます。

| 関係代名詞の主格 |：次の who は、関係代名詞を含む文の中で主語の役割をします。

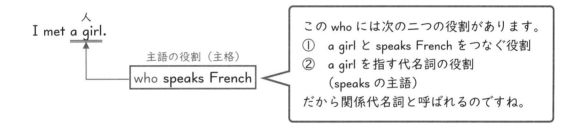

人
I met a girl.
主語の役割（主格）
who speaks French

この who には次の二つの役割があります。
①　a girl と speaks French をつなぐ役割
②　a girl を指す代名詞の役割
　　（speaks の主語）
だから関係代名詞と呼ばれるのですね。

➡ I met a girl ｜ who speaks French ｜.　私はフランス語を話す少女に会いました。

☆ This is the picture. Tom painted the picture.（これは絵です。トムはその絵を描きました。）
　この二つの文を一つにするとき、重複する the picture を which にして〈the picture which～〉というように、the picture の後ろに続けます。

| 関係代名詞の目的格 |：次の which は、関係代名詞を含む文の中で目的語の役割をします。

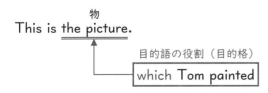

物
This is the picture.
目的語の役割（目的格）
which Tom painted

➡ This is the picture ｜ which Tom painted ｜.　これはトムが描いた絵です。

☆関係代名詞 that は、修飾される名詞が人の場合でも、物の場合でも、どちらにも使うことができます。

      I met a girl | who speaks French |.　　私はフランス語を話す少女に会いました。

= I met a girl | that speaks French |.

      This is the picture | which Tom painted |.　これはトムが描いた絵です。

= This is the picture | that Tom painted |.

☆目的格の関係代名詞は省略することができます。

      This is the picture | which Tom painted |.　これはトムが描いた絵です。

= This is the picture | that Tom painted |.

= This is the picture | Tom painted |.

> 関係代名詞を省略できるのは目的格の場合のみ！
> 主格の関係代名詞は省略することができないので注意しよう。
>
>   I met a girl | who speaks French |.
>
> = I met a girl | that speaks French |.
>
> × I met a girl | speaks French |.

二つの文を一つにするとき、日本語では詳しく説明する文の形を変えて、名詞の前にそのまま置きましたが、英語では who, which, that といった関係代名詞が必要です。

関係代名詞は修飾される名詞の後ろに置かれます。〈a girl who～〉〈the picture which～〉というように、何について説明するか＝修飾される名詞（a girl, the picture）を先に置きます。

基本問題

【Ⅰ】 日本文と同じ意味にするとき、（　　　）内の英語のうち正しいものを○で囲みましょう。

（１） 私は英語を話すその少年を知っています。

I know the boy (which speaks / who speaks) English.

（２） 私はあなたにトムが描いた絵を見せたいです。

I want to show you the picture (which Tom painted / who Tom painted).

動 paint
描く

（３） サチコが撮った写真は美しいです。

The picture (which took Sachiko / which Sachiko took) is beautiful.

動 take
（写真を）撮る
・過去形　took
・過去分詞 taken

（４） 毎日図書館で勉強しているその少女は私の妹です。

The girl (who studies / who studying) at the library every day is my sister.

関係代名詞の文で悩んだときは、元の二つの文に分けて考えてみよう。

「毎日図書館で勉強している少女は私の妹です。」
→ 文① 「その少女は私の妹です。」
　　　 The girl is my sister.
→ 文② 「その少女は毎日図書館で勉強しています。」
　　　 The girl studies at the library every day.

関係代名詞を使って二つの文を一つにすると……
　 The girl who studies at the library every day is my sister.

（5）　毎週日曜日に公園でサッカーをする少年たちを私は知っています。

I know the boys (who plays / who play / who playing)
soccer in the park on Sundays.

（6）　フランスで話される言語はフランス語です。

The language (which spoke is / which is spoken) in
France is French.

動 speak
話す
・過去形　　spoke
・過去分詞 spoken

名 language
言語

☆関係代名詞の中が受動態になる文
　「フランスで話される言語はフランス語です。」を二つに分解すると…
　　→ 文① 「その言語はフランス語です。」
　　　　The language is French.
　　→ 文② 「その言語はフランスで話されます。」
　　　　The language is spoken in France.

重複する the language を which にして、二つの文を一つにすると…
The language which is spoken in France is French. となります。

また、分詞を使って The language spoken in France is French. とする
こともできます。

【2】 日本文と同じ意味にするとき、（　　　）内の英語を並べかえて、正しい英文を作りましょう。文頭は大文字で書きましょう。

（1）　私はフランス語を話せるその少女を知っています。

(French / who / I / know / the / speak / can / girl).

_____

（2）　メアリーが描いた絵は美しいです。

(Mary / is / the / painted / picture / beautiful / which).

_____

（3）　私の母が作ったケーキはおいしかったです。

(my / cake / which / the / made / delicious / was / mother).

_____

形 delicious
おいしい

（4）　トムは、昨日盗まれた財布を見つけました。

(yesterday / found / stolen / Tom / wallet / was / which / the).

_____

動 steal
盗む
・過去形　 stole
・過去分詞 stolen

動 find
見つける
・過去形　 found
・過去分詞 found

練習問題

【Ⅰ】 次の英文には誤りがあります。誤りを直して日本文に合う英文に書きかえましょう。

（１）日本で話される言語は日本語です。

The language which is speaks in Japan is Japanese.

_____

（２）　私はトムが描いた絵が好きです。

I like the picture which paints Tom.

_____

（３）　サチコが買った時計はすてきです。

The watch bought Sachiko is nice.

_____

動 buy
買う
・過去形　　bought
・過去分詞 bought

（４）　私はピアノが弾けるその少女を知っています。

I know the girl can play the piano.

_____

┌───┐
「その」という日本語訳がなくても、状況や文脈から物や人が特定される場合、冠詞「the」を使います。

サチコが使ったペン

○ the pen which Sachiko used

× a pen which Sachiko used
└───┘

【2】 次の日本文を英文にしましょう。

名 doll
人形

動 break
壊す
・過去形　broke
・過去分詞 broken

（1） これは私の犬が壊した人形です。

_____

（2） あなたは英語を話すその男の子を知っていますか。

_____

（3） 私はあなたにトムが撮ったその写真を見せたいです。

_____

動 write
書く
・過去形　wrote
・過去分詞 written

（4） サチコが書いたお話は私を幸せな気分にします。

_____

動 make
作る、～を…にする
・過去形　made
・過去分詞 made

（5） 私はトムが作ったそのケーキを食べました。

_____

SV（主語・動詞）を含み、意味の
かたまりをなすものを節というよ。

43

A B C

6. 修飾語はどこにある？ ── 前置修飾と後置修飾

公園で走っているかっこいい少年を知っています。

Q. ⑦、①の言葉は、それぞれ文中のどの位置に入れるのが適切でしょうか。

　私は（　①　）少年を（　②　）知っています。

---
　　⑦ かっこいい　　① 英語に興味がある

　　　　　　　　　　　　　　　　A. ⑦—①　　　①—①

日本語では修飾語が一語でも長くても、修飾される語の前に置かれます。

私は かっこいい 　少年　 を知っています。

私は 青い目をした 　少年　 を知っています。

私は 英語に興味がある 　少年　 を 知っています。

私は 公園で走っている かっこいい 　少年　 を 知っています。

「私は公園で走っているかっこいい少年を知っています。」という文は、確かに文法的には正しいです。しかし修飾語があまりに長いと、意味がわかりづらくなります。話し言葉ならなおさらです。何について説明しているか（今回の場合は「少年」）、最後まで聞かないとわからないからです。

日常会話で「私は公園で走っているかっこいい少年を知っています。」と言う人はあまりいないでしょう。「私は公園で走っている子を知っているよ。かっこいいよね。」など、短い文に区切って話す方が自然ですね。

I know the handsome boy running in the park.

★英語では、修飾語が一語の場合は名詞の前に置かれます（前置修飾）。
複数の語から成る場合は名詞の後ろに置かれます（後置修飾）。

I know　the handsome　boy ．　私はかっこいい少年を知っています。
前置修飾

I know　the boy　with blue eyes.　私は青い目をした少年を知っています。
後置修飾

［過去分詞］
I know　the boy　interested in English.　私は英語に興味がある少年を知っています。
後置修飾

☆一つの文に、前置修飾と後置修飾が含まれる場合もあります。形容詞や分詞など修飾語が一語
の場合は前置修飾、分詞、関係代名詞など、修飾する言葉が複数の語から成る場合は後置修飾
となります。（p. 31 で学んだ通り、分詞は前置修飾・後置修飾のどちらのパターンもあります。）

［現在分詞］
I know　the　handsome　boy　running in the park.
前置修飾　　　　　　　後置修飾

［関係代名詞］
＝ I know　the　handsome　boy　　who　is running in the park.
前置修飾　　　　　　　　　　　　後置修飾

私は公園で走っているかっこいい少年を知っています。

関係代名詞を使うと、修飾語が長くなりがちです。関係代名詞は、話し言葉よりも書き言葉で多
く使用されます。
英語でも日本語と同じように、日常会話では "I know the cool boy. He is running in the park." と
いうように、関係代名詞を使わず、文を区切って表現することも多いです。

A *B* *C*

基本問題

【1】 日本文と同じ意味にするとき、（　　　　）内の英語のうち正しいもの
を○で囲みましょう。

（1） 私は犬を連れたその少年を知っています。

I know (with a dog boy / the boy with a dog).

前 with
～を連れた、
～と一緒の

（2） 公園で歌っている少女は私の妹です。

The (singing girl in the park / girl singing in the park) is
my sister.

（3） これはサチコによって使われるコンピューターです。

This is the computer (used by Sachiko / which uses
Sachiko).

（4） 私には英語を話せる友達がいます。

I have a friend (can speak / who can speak) English.

（5） トムは日本語で書かれた古い手紙を読みました。

Tom read (an old letter written in Japanese /
an old written in Japanese letter).

動 write
書く
・過去形　wrote
・過去分詞 written

（6） 彼が描いた美しい絵は私を幸せな気分にしました。

The (beautiful painted by him picture /
picture beautiful which he painted /
beautiful picture he painted) made me happy.

【2】 日本文と同じ意味にするとき、（　　　）内の英語を並べかえて、正しい英文を作りましょう。文頭は大文字で書きましょう。

（1） 私は青い目をした黒いネコを飼っています。

(a / have / eyes / with / I / black / cat / blue).

・with blue eyes
青い目をした

_____

（2） 私は昨日、フランス語を話しているかわいい少女に会いました。

(cute / speaking / I / girl / yesterday / met / French / a).

形 cute
かわいい

_____

（3） 私は毎日公園で走っているその背の高い男性を知っています。

(day / know / the / park / I / who / man / every / in / runs / tall / the).

_____

（4） サチコは英語で書かれたその古い本を読みました。

(old / read / written / English / the / in / book / Sachiko).

_____

（5） 数学に興味がある生徒は多いです。

(are / math / there / many / in / interested / students).

動 interest
興味を持たせる
・be interested in〜
〜に興味がある

_____

練習問題

【I】 次の英文には誤りがあります。誤りを直して日本文に合う英文に書き
かえましょう。

（1） 私はトムによって撮られたその写真が好きです。

I like the picture taking by Tom.

動 take
（写真を）撮る
・過去形　took
・過去分詞 taken

_____

（2） 車の中で泣いている赤ちゃんを見て。

Look at the cried baby in the car.

_____

（3） 英語で書かれたその古い本を読むのは難しかったです。

It was difficult to read the book old written in English.

形 difficult
難しい

_____

（4） 私の母が買った新しい財布はすてきです。

The new wallet which bought my mother is nice.

形 nice
すてきな

_____

（5） 英語を話すその親切な男の子を私は知っています。

I know the boy who speaks English kind.

_____

【2】 次の日本文を英文にしましょう。

（1） 私はピアノが弾けるそのかわいい少女を知っています。

_____

（2） 公園でサッカーをしているその背の高い男の子を見て。

_____

（3） 私はあなたに私の父が撮ったその古い写真を見せたいです。

_____

（4） サチコが描いたその絵はとても美しいです。

_____

動 paint
描く

（5） 川で泳いでいるその背の高い女性は私の母です。

_____

名 river
川

名 woman
女性

☆現在分詞と関係代名詞
　① the boy speaking English「英語を話している少年」と
　② the boy who speaks English「英語を話す少年」では少し意味が
　異なります。①のように現在分詞を使うと「〜している」という
　進行形の意味になります。①を関係代名詞を使って表すと、
　the boy who is speaking English となります。

【I】 日本文と同じ意味にするとき、（　　　）内の英語のうち正しいものを〇で囲みましょう。　　　　　　　　　　　　　　　　（4点×10）

（1）　サチコは盗まれた自転車を見つけました。

Sachiko found (the stolen bike / the bike stolen).

（2）　私はあなたにその生徒によって描かれた絵を見せたいです。

I want to show you the picture (painted by the student / painting the student).

（3）　英語を話しているその少年を見て。

Look at the boy (English speaking / speaking English).

（4）　彼女が描いた絵は美しいです。

The picture (which painted her / which she painted) is beautiful.

（5）　毎日公園でサッカーをしている少年は私の弟です。

The boy (who plays / who playing) soccer in the park every day is my brother.

（6）　私にはフランス語を話せる友達がいます。

I have a friend (can speak / who can speak) French.

（7）　彼女はトムによって作られたケーキを食べました。

She ate the cake (which was made by Tom / which made Tom).

（8）　私は青い目をしたその少年を知っています。

I know (with blue eyes boy / the boy with blue eyes).

動 steal
盗む
・過去形　stole
・過去分詞 stolen

動 find
見つける
・過去形　 found
・過去分詞 found

・with blue eyes
青い目をした

（9）　トムは日本語で書かれた古い本を読みました。

Tom read (an old book written in Japanese /
an old written in Japanese book).

（10）　彼が撮った美しい写真は私を幸せな気分にしました。

The (beautiful taken by him picture /
picture beautiful which he took /
beautiful picture he took) made me happy.

動 take
（写真を）撮る
・過去形　took
・過去分詞 taken

【2】　次の英文が同じ意味になるように、（　　　）にあてはまる語を答え
ましょう。　　　　　　　　　　　　　（（　）1つにつき3点×4）

（1）　This is the pen which the girl broke.

= This is the pen which (　　　　　　) broken by the girl.

= This is the pen (　　　　　　) by the girl.

（2）　The stories which Sachiko wrote make me happy.

= The stories which (　　　　　　) written by Sachiko
make me happy.

= The stories (　　　　　　) by Sachiko make me happy.

【3】　日本文と同じ意味にするとき、（　　　）内の英語を並べかえて、正
しい英文を作りましょう。文頭は大文字で書きましょう。　（4点×6）

（1）　ピアノを弾いているその女性は私の母です。

(mother / the / is / my / playing / woman / the / piano).

（2） 私は昨日、フランス語を話しているその背が高い男性に会いました。

(speaking / I / man / yesterday / met / French / the / tall).

_____

（3） トムは、先週盗まれた時計を見つけました。

(last / found / stolen / Tom / watch / was / which / the / week).

_____

（4） 私は青い目のかわいい人形を持っています。

(a / have / eyes / with / I / cute / doll / blue).

_____

（5） 私は毎日公園でサッカーをしている少年たちを知っています。

(day / know / the / park / I / who / boys / every / in / play / soccer / the).

_____

（6） 科学に興味がある生徒は多いです。

(are / science / there / many / in / interested / students).

_____

動 interest
興味を持たせる
・be interested in～
　～に興味がある

【4】 次の日本文を英文にしましょう。　　　　　　　　（4点×6）

（1） その盗まれたお金は見つかりましたか。

_____

（2） ピアノを弾いているそのかわいい少女はだれですか。

_____

（3） 公園で歌っているその背の高い男の子を見て。

_____

（4） 私はトムが日本語で書いたその手紙を読みたいです。

_____

（5） 私の姉が作ったサンドウィッチはおいしかったです。

_____

名 sandwich
サンドウィッチ

形 delicious
おいしい

（6） 今朝、私が食べた赤いりんごはとても大きかったです。

_____

（1） The stolen money was found.　盗まれたお金は見つかった。
これを疑問文にするとどうなるだろう。
一度肯定文で考えてから疑問文にするとわかりやすいよ！

7. 文の中に組み込まれた疑問文 ── 間接疑問

> **あなたはいつトムが出発するかを知っていますか。**

Q．波線の疑問文を（　　　　　）にあてはめるとき、どのように変えればよいでしょうか。
　①あなたは（　　　　　　　　　　　　）を知っていますか。（いつトムは出発しますか。）

　　　　　　　　　　　　　　　　　　　　　　　　A．いつトムが出発するか

「あなたは（彼の電話番号）を知っていますか。」というように、（　　　）には名詞があてはまります。

疑問文を次のような形にすることで、名詞の役割に変えることができます。

　　疑問を表す代名詞＋～か

疑問を表す代名詞には、いつ・どこ・だれ・どの・どれ・何・なぜ・どんななどがあります。

疑問文を名詞にして組み込んだ文には、主語と述語のセットが二つ含まれています。

　　　　　　述語１「知っていますか」の目的語
あなたは　　いつ　トムが　出発するか　　を　知っていますか。
‾‾‾‾‾‾‾‾　　‾‾‾　‾‾‾‾　‾‾‾‾‾‾‾　　　　‾‾‾‾‾‾‾‾‾
主語１　　　　主語２　　述語２　　　　　　述語１

述語１「教えてください」の目的語
なぜ　サチコが　怒っているか　を　教えてください。
‾‾‾　‾‾‾‾‾　‾‾‾‾‾‾‾‾　　　‾‾‾‾‾‾‾‾‾
　　主語２　　　　述語２　　　　　　述語１　※命令文なので主語１は無し

「いつトムが出発するか」「なぜサチコが怒っているか」は名詞の役割をし、
それぞれ述語１「知っていますか」「教えてください」の目的語になっています。

「トムがいつ出発するか」「サチコがなぜ怒っているのか」というように語順を変えても良いですね。「トムが出発する時刻」「サチコが怒っている理由」とすることもできます。
日本語では、|主語２＋述語２| を切り離すことはできませんが、主語１、述語１は
「主語１＋|主語２＋述語２|＋述語１」というように切り離すこともできますね。

Do you know when Tom will leave?

★〈疑問詞＋S＋V〉の形にすると、疑問文を名詞の役割にすることができます。
これを間接疑問といいます。

疑問文と間接疑問では語順がちがうので注意しよう。

疑問文	間接疑問
疑問文	間接疑問
When will Tom leave?	→ when Tom will leave
トムはいつ出発しますか。	いつトムが出発するか
Why is Sachiko angry?	→ why Sachiko is angry
なぜサチコは怒っているのですか。	なぜサチコが怒っているか

☆間接疑問を文に組み込むと次のようになります。

V1「know」の目的語
Do you know | when Tom will leave | ?　あなたはいつトムが出発するかを知っていますか。
S1　V1　　　　S2　　　　V2

V1「tell」の目的語
Please tell me | why Sachiko is angry |.　なぜサチコが怒っているかを教えてください。
　　　V1　　　　　　S2　　　V2
※命令文なのでS1は無し

間接疑問は名詞の役割をし、それぞれ V1「know」「tell」の目的語になっています。

☆ when が「いつ〜なのか」というように間接疑問で使われる場合、when〜の中は未来のことは未来形で表します。

　　Do you know | when Tom will leave | ?
　　　　　　　　× when Tom leaves

☆ when が「〜するとき」というように接続詞として使われる場合、when〜の中は未来のことも現在形で表します。

　　トムが帰ってきたら（とき）、昼食を食べましょう。
　　| When Tom comes home, | let's eat lunch.
　　× When Tom will come home,

英語の場合、日本語と異なり、必ず〈S1 ＋ V1 ＋ S2＋V2 〉という語順にします。
〈S1 ＋ S2＋V2 ＋ V1〉というように S1 と V1 を切り離すことはありません。
英語では、主語と述語を切り離さず、必ずセットにします。

基本問題

【1】 日本文と同じ意味にするとき、（　　　）内の英語のうち正しいもの
を〇で囲みましょう。

（1）　なぜトムが怒っているかを教えてください。

Please tell me (why is Tom angry / why Tom is angry).

（2）　トムはなぜ怒っていますか。

Why (Tom is angry / is Tom angry)?

（3）　彼女は何を買うつもりですか。

What (will she buy / she will buy)?

（4）　彼女が何を買うつもりか知っていますか。

Do you know (what she will buy / what does she buy)?

（5）　そのバスがいつ出発するかを私は知りたいです。

I want to know (when the bus will leave /

the bus when leave).

動 leave
出発する

（6）　そのバスはいつ出発しますか。

When (will the bus leave / the bus will leave)?

（7）　その男性はだれですか。

Who (the man is / is the man)?

（8）　彼女はその男性がだれなのか知りません。

She doesn't know (who is the man / who the man is).

【2】 日本文と同じ意味にするとき、（　　　）内の英語を並べかえて、正しい英文を作りましょう。文頭は大文字で書きましょう。

（1）　トムは彼女が誕生日に何をほしがっているかを知っています。
（ her / knows / birthday / what / Tom / wants / she / for ）.

名 birthday
誕生日

・for one's birthday
　～の誕生日に

_____

（2）　あなたの弟は図書館がどこにあるのかを知っていますか。
（ where / your / does / brother / know / library / the / is ）？

_____

（3）　彼の誕生日がいつか、私に教えてください。
（ his / please / me / birthday / tell / is / when ）.

_____

（4）　私の母が今、何をしているのか私は知りません。
（ now / I / know / what / mother / my / doing / is / don't ）.

_____

練習問題

【Ⅰ】 次の英文には誤りがあります。誤りを直して日本文に合う英文に書き
かえましょう。

（1） なぜその生徒が泣いているか、あなたは知っていますか。

Why do you know the student is crying？

動 cry
泣く

_____

（2） なぜその生徒は泣いているのですか。

Why the student is crying？

_____

（3） トムがいつ出発するか、私は知りません。

I don't know when Tom leave.

_____

（4） トムが帰ってきたら、私に電話をしてください。

When Tom will come home, please call me.

動 call
電話する

_____

【2】 次の日本文を英文にしましょう。

（1） サチコが何を買ったか、私に教えてください。

_____

（2） 次の日曜日にトムがどこでサッカーをするか、あなたは知っていますか。

_____

（3） そのときなぜ私の弟が泣いているか、わかりませんでした。

_____

（4） 私の妹は駅がどこにあるかを知りません。

_____

（5） その少女がだれか、あなたは知っていますか。

_____

「Where does Tom study？（トムはどこで勉強しますか。）」には
Yes/No では答えられないね。
「Do you know where Tom studies？（トムはどこで勉強するか、
あなたは知っていますか。）」には、Yes/No で答えられるね。

8. 「もし〜なら」という空想 ── 仮定法

もし私がお金をたくさん持っていたら、その車を買えるのになぁ。

Q. 次の文のうち、現実の文にはア、空想の文にはイを書きましょう。
① 私にはお金がないので、その車を買えません。　　　　　　　（　　　）
② もし私がたくさんお金を持っていたら、その車を買えるのになぁ。（　　　）

A. ① ア　② イ

「私にはお金がないので、その車を買えません。」は、現在の事実を表しています。
一方、「もし私がたくさんお金を持っていたら、その車を買えるのになぁ。」は、空想の文です。
実際はお金がないので車を買うことはできませんが、「〜だったらいいのになぁ」と頭の中で思い描いているのです。

　　もし私がネコだったら、一日中寝るのになぁ。（実際はネコではないので寝られない。）

　　ピアノが上手に弾けたらなぁ。（実際には弾けない。）

●どこからが空想の文なの？
・もし明日晴れたら、私たちはサッカーをするつもりです。
　→ 明日、晴れる可能性があるので、空想の文ではありません。

・もし今日晴れだったら、サッカーをしたのになぁ。
　→ 今日、晴れではないのに「晴れだったら〜」と思い描いているので、空想の文です。

現在の事実に反する文が、空想の文だと言えます。

「もし〜なら」という表現だからといって、いつも空想の文とは限りません。
未来に起こりうる出来事を表している場合もあるので、文の意味をしっかりと確認しましょう。

If I had a lot of money, I could buy the car.

★英語の空想の文は、〈If + 主語 + 動詞の過去形, 主語 + would / could + 動詞の原形～.〉で表します。これを仮定法過去といいます。

〈If + 主語 + 一般動詞の過去形〉の場合

If I had a lot of money, I could buy the car.
もし私がたくさんお金を持っていたら、その車を買えるのになぁ。

〈If + 主語 + be 動詞の過去形〉の場合

If I were a cat, I would sleep all day.　もし私がネコだったら、一日中寝るのになぁ。
┗➡ 主語の人称や数に関係なく were を使います。

★空想の文でさらに願望を表すとき、〈主語 + wish + 主語 + 動詞の過去形～.〉または
〈主語 + wish + 主語 + would / could + 動詞の原形～.〉で表します。

I wish I could play the piano well.　ピアノが上手に弾けたらなぁ。
➡ ピアノを上手に弾けるようになりたいが、そうなれる可能性がないことを表します。

wish と似た意味の単語に、「hope（～を望む）」があります。これは、実現可能な願望を表します。

I hope I can play the piano well.　私はピアノを上手に弾けるようになりたいです。
➡ ピアノを上手に弾けるようになりたいと思っていて、そうなれる可能性があることを表します。
　だから仮定法は使いません。

- -
☆未来形と仮定法の使い分け
・もし明日晴れたら、私たちはサッカーをするつもりです。
　If it is sunny tomorrow, we will play soccer.
　➡ 明日、晴れる可能性があるので、仮定法ではなく未来形を使います。
　　If～の中は未来のことも現在形で表します。

・もし今日晴れだったら、サッカーをしたのになぁ。
　If it were sunny today, we would play soccer.
　➡ 現在の事実に反する空想の文なので、仮定法を使います。
- -

日本語では同じ「もし～なら」という文でも、英語では未来形と仮定法を使い分けます。
　　現実に起こる可能性がある話をする場合　➡　未来形
　　空想の表現／起こる可能性が０％の場合　➡　仮定法
未来形と仮定法では、動詞の形が異なることに注意しましょう。

基本問題

【１】 日本文と同じ意味にするとき、(　　　) 内の英語のうち正しいもの
を〇で囲みましょう。

（１） もし私があなただったら、熱心に勉強するでしょう。

If I (am / were / be) you, I (will / would) study hard.

（２） もしお金があれば、そのコンピューターを買えるのになぁ。

If I (had / have) money, I (can / could) buy the
computer.

（３） 英語が話せたらなぁ。

I wish I (can / could) speak English.

（４） もし私が彼女の電話番号を知っていたら、彼女に電話するのになぁ。

If I (know / will know / knew) her phone number,
I (will / would) call her.

名 phone number
電話番号

（５） もし今日晴れだったら、テニスをしたのになぁ。

If it (is / will / was / were) sunny today, I (will / would)
play tennis.

（６） もし明日晴れたら、テニスをしましょう。

If it (will / is / were) sunny tomorrow, let's play tennis.

形 sunny
晴れの

（７） ギターが上手に弾けたらなぁ。

I wish I (could / can) play the guitar well.

（８） もし時間があれば、テレビを見られるのになぁ。

If I (had / have) time, I (can / could) watch TV.

【2】 日本文と同じ意味にするとき、(　　　　) 内の英語を並べかえて、正しい英文を作りましょう。文頭は大文字で書きましょう。

（1） フランス語が上手に話せたらなぁ。

(wish / I / well / French / could / I / speak).

_____

（2） もし私が鳥だったら、あなたのところへ飛んでいけるのになぁ。

(I / if / , / were / fly / could / you / a / to / bird / I).

動 fly
飛ぶ

_____

（3） もしピアノが上手に弾けたら、ピアニストになるのになぁ。

(pianist / well / the / play / I / piano / if / , / would / I / could / be / a).

_____

（4） もし時間があったら、読書をするのになぁ。

(I / time / would / if / , / read / I / books / had).

_____

（5） 私がもし若ければ、熱心に英語を勉強したのになぁ。

(hard / study / I / , / were / English / would / young / if / I).

_____

練習問題

【Ⅰ】 次の英文には誤りがあります。誤りを直して日本文に合う英文に書き
かえましょう。

（１） もし時間があれば、テニスをしていいですよ。

If you had time, you can play tennis.

_____

（２） もし時間があれば、テニスをするのになぁ。

If I have time, I would play tennis.

_____

（３） お金持ちだったらなぁ。

I wish I am rich.

_____

（４） もし私があなただったら、彼女に電話するのになぁ。

If I were you, I will call her.

_____

動 call
電話する

【2】　次の日本文を英文にしましょう。

（1）　私が鳥だったらなぁ。

_____

動 sleep
寝る

形 all
全て
・all day
　一日中

（2）　もし私がお金持ちだったら、一日中寝るのになぁ。

_____

（3）　もし時間があったら、私の部屋を掃除できるのになぁ。

_____

（4）　もしサッカーを上手にできたら、サッカー選手になれるのになぁ。

_____

（5）　もし明日晴れたら、私たちはテニスをするつもりです。

_____

☆仮定法 would と could の使い分け
「〜するのになぁ（意思）」は would、「〜できるのになぁ（可能）」は
could を使います。

If I were rich, I would buy the car.
もし私がお金持ちだったら、その車を買うのになぁ。

If I were rich, I could buy the car.
もし私がお金持ちだったら、その車を買えるのになぁ。

A B C

9. 驚きの感情を伝える表現 —— 感嘆文

なんて美しい花なんでしょう、これは。

Q. 目の前に美しい花があり、あなたは感激しています。そのとき、思わず口から出る言葉はどれでしょうか。

（ア）この花は美しいですか。

（イ）これは花です。

（ウ）なんて美しい花なんでしょう。

A. （ウ）なんて美しい花なんでしょう。

「なんて〜（な）んでしょう。」は感動、驚き、喜び、悲しみなどの感情を強調して伝える言い方です。

「これは、なんて〜なんでしょう。」→「なんて〜なんでしょう、これは。」というように語順を変えると、さらに感情を強調することができますね。

「なんて〜なんでしょう、これは。」の「〜」には、形容（動）詞、副詞、形容（動）詞＋名詞などが入ります。

　　　　通常の表現　　　　　　　　感情を込めた表現

　　形容詞＋名詞　　　　　　　　形容詞＋名詞

　これは 美しい花 です。　➡　なんて 美しい花 なんでしょう、これは。

　　　　形容詞　　　　　　　　　　形容詞

　この花は 美しい です。　➡　なんて 美しい んでしょう、この花は。

通常の表現で文頭に置かれていた主語「これは」「この花は」が、感情を込めた表現では、「なんて〜なんでしょう、これは／この花は。」というように文末に置かれています。

日常会話では、「なんて〜なんでしょう、これは。」という表現はあまりしませんね。感情を込めた表現は、通常、目の前のものに対して使われるため、「これは／この花は」と言わなくても通じるからです。

「あら！」「うわぁ！」などの一語で驚きを表したり、「あっつ！（熱い）」「たっか！（高い）」などの形容詞一語で感情を表現したりすることも多いです。

驚きや感動を表す場合、「！」を文末に付けることがありますが、通常の日本文では使用されません。英語ではどうでしょうか。

What a beautiful flower this is!

★英語で感情を込めた表現にするには、〈What + 形容詞＋名詞 ＋ S ＋ V ＋!〉や
〈How + 形容詞／副詞 ＋ S ＋ V ＋!〉という形にします。これを感嘆文といいます。

通常の表現　　　　　　　　　　　　　　　　感嘆文

通常の表現	感嘆文
S　V　　　形容詞＋名詞 This is |a beautiful flower|. これは美しい花です。	形容詞＋名詞　　　S　V What |a beautiful flower| this is! なんて 美しい花 なんでしょう、これは。
S　　　V　　形容詞 This flower is |beautiful|. この花は美しいです。	形容詞　　　S　　V How |beautiful| this flower is! なんて 美しい んでしょう、この花は。

通常の表現で文頭に置かれていた「This is」「This flower is」は、感嘆文では文末に置かれます。
日本語では主語だけを文末に置きましたが、英語では主語も動詞も文末に置きます。

日本文で「！」は驚きや感動を表したい場合に視覚的に用いられることがありますが、通常は使
用されません。英語の感嘆文では、必ず文末に「！」を付けるので注意しましょう。

☆ネイティブがよく使う感嘆の表現
① 〈What + 形容詞＋名詞 ＋ S ＋ V ＋!〉〈How + 形容詞／副詞 ＋ S ＋ V ＋!〉の
　〈S ＋ V〉を省略して、"What a beautiful flower!" "How beautiful!" といいます。

② 〈What + 形容詞＋名詞 ＋ S ＋ V ＋!〉〈How + 形容詞／副詞 ＋ S ＋ V ＋!〉の前に
　「Look」を追加して、"Look what a beautiful flower this is!"
　"Look how beautiful this flower is!" といいます。
　look は「見る」という意味ですね。「Look what / how～!」は、「ほら見て！」という
　意味合いになります。

日本語と同じように、「Wow!（ワオ！）」「Oh!（おお！）」「Oh my god!（なんてこった！）」
など、英語にも一言で感情を表す言葉はたくさんあります。
中学校の英語で学ぶのは〈What + 形容詞＋名詞 ＋ S ＋ V ＋!〉〈How + 形容詞／副詞 ＋
S ＋ V ＋!〉という感嘆文のみですが、英語にも感情を込めた表現の仕方はたくさんあるの
ですね。

基本問題

【１】 日本文と同じ意味にするとき、（　　　　）内の英語を並べかえて、正しい英文を作りましょう。文頭は大文字で書きましょう。

（１） 彼はなんて速く走るのでしょう。

(fast / he / how / runs)！

副 fast
速く

_____

（２） なんて寒いんでしょう、今日は。

(it / cold / how / today / is)！

形 cold
寒い、冷たい

_____

（３） なんてかわいい人形なんでしょう、これは。

(a / what / this / doll / is / cute)！

名 doll
人形

_____

（４） なんて難しい本なんでしょう、これは。

(book / this / what / a / difficult / is)！

形 difficult
難しい

_____

練習問題

【Ⅰ】 次の日本文を英文にしましょう。

（１） サチコはなんて上手にピアノを弾くんでしょう。

_____

（２） なんて親切な少年なんでしょう、彼は。

_____

（３） なんて簡単なんでしょう、この問題は。

_____

形 easy
簡単な

名 problem
問題

（４） トムはなんて速く泳げるんでしょう。

_____

（５） なんてすてきな絵なんでしょう、これは。

_____

形 nice
すてきな

形容詞＋名詞 を強調するとき → what

形容詞や副詞 を強調するとき → how

what と how の使い分けに注意しよう！

【1】 日本文と同じ意味にするとき、(　　　) 内の英語のうち正しいもの
を〇で囲みましょう。

((1)〜(7) 4点×7、(8)〜(10) (　)1つにつき2点×6)

(1) なぜサチコが泣いているかを教えてください。

Please tell me why (is Sachiko cry / Sachiko is crying).

動 cry
泣く

(2) 彼が彼女に何を買うつもりか知っていますか。

Do you know (what he will buy / what does he buy) for
her?

(3) 彼女はその女性がだれなのか知りません。

She doesn't know (who is the woman / who the woman is).

名 woman
女性

(4) その電車はいつ駅を出発しますか。

When (will the train leave / the train will leave) the
station?

(5) ピアノが上手に弾けたらなぁ。

I wish I (could / can) play the piano well.

(6) その少年はなんて泳ぐのが速いんでしょう。

(How / What) fast the boy swims!

(7) なんてきれいな絵なんでしょう、これは。

(How / What) a beautiful picture this is!

(8) もし私がトムだったら、熱心に数学を勉強するでしょう。

If I (am / were / be) Tom, I (will / would) study math
hard.

（9）　もしお金があれば、新しいコンピューターを買えるのになぁ。

If I (had / have) money, I (can / could) buy a new

computer.

（10）　もし私たちに時間があれば、公園でテニスができるのになぁ。

If we (had / have) time, we (can / could) play tennis in

the park.

【2】　次の英文を（　　　　）の指示に従って書きかえましょう。（4点×3）

（1）　I can't buy the car, because I don't have money.

（「もし～なら～できるのになぁ」という仮定法の文に）

＿＿＿＿＿＿＿＿＿＿＿＿＿＿＿＿＿＿＿＿＿＿＿＿＿＿＿

（2）　I want to know. When will the bus leave?

（二文目を名詞のかたまりにして、一文に）

＿＿＿＿＿＿＿＿＿＿＿＿＿＿＿＿＿＿＿＿＿＿＿＿＿＿＿

（3）　This flower is beautiful.

（「なんて美しいんだろう」という感嘆文に）

＿＿＿＿＿＿＿＿＿＿＿＿＿＿＿＿＿＿＿＿＿＿＿＿＿＿＿

This is a beautiful flower.　感嘆文にすると…→　What a beautiful flower this is!
形容詞＋名詞

This flower is beautiful.　感嘆文にすると…→　How beautiful this flower is!
形容詞

【3】 日本文と同じ意味にするとき、（　　　）内の英語を並べかえて、正しい英文を作りましょう。文頭は大文字で書きましょう。 （4点×6）

（1） 彼女の誕生日がいつか、彼は知っていますか。

(her / does / know / birthday / he / is / when)?

_____

（2） 私の姉が、今何をしているのか私は知りません。

(now / I / know / what / sister / my / doing / is / don't).

_____

（3） もし私が鳥だったら、空を飛べるのになぁ。

(I / if / , / were / fly / could / the / a / in / bird / I / sky).

_____

（4） あなたと一緒にニューヨークへ行けたらなぁ。

(I / wish / could / to / New York / I / go / you / with).

_____

（5） もし時間があったら、その映画を見るのになぁ。

(I / time / would / if / , / the / watch / I / movie / had).

_____

（6） なんておもしろい本なんでしょう、これは。

(book / this / what / an / interesting / is)!

_____

【4】 次の日本文を英文にしましょう。　　　　　　（4点×6）

（1） 彼女の父は、彼女が何を買ったかを知りたがっています。

_____

（2） 毎週土曜日にあなたがどこで勉強するか、私に教えてください。

_____

（3） トムはなんて上手にギターを弾けるんでしょう。

_____

（4） なんて親切な少女なんでしょう、サチコは。

_____

（5） もし私がお金持ちだったら、コンピューターをたくさん買うのになぁ。

_____

（6） もしフランス語が話せたら、フランスに行くのになぁ。

_____

コラム　そのまま訳せない日本語と英語

日本語と英語では言語が育ってきた国も文化もちがうので、そのまま訳せるとは限りません。
日本語に対応する英語がない場合や、日本語をそのまま英訳すると意味が変わってしまったり、
失礼になってしまったりする場合について考えてみましょう。

（１）対応する英語がない
日本語でよく使われる表現でも、対応する英語がないことがあります。
例えば「お疲れ様です。」という日本語には、対応する英語表現がありません。このような場合、
その日本語表現が使われる場面や意味を考えてみると、英訳する方法が見えてきます。

「お疲れ様です。」を使う場面
　　①　軽い挨拶として
　　②　頑張った人へのねぎらい
　　③　感謝の気持ち　　　　　　　　……このように考えると、英語に訳すことができそうですね。

（２）そのまま英語に訳すとちがう意味になる
①　日本語で「ファイト！」と言う場合、「頑張ってね。」という意味ですね。しかし、英語で
　「Fight!」と言うと、「戦え！」という意味になってしまいます。
②　「私はマンションに住んでいます。」を「I live in a mansion.」とすると「私は豪邸に住んで
　います。」という意味になってしまいます。

日本語と英語で意味が異なる単語があるので気を付けましょう。

（３）そのまま英語に訳すと失礼になる
①　「なぜ日本に来たのですか。」のつもりで「Why did you come to Japan?」と言うと、英語
　を話す人には「なぜあなたは日本に来たの!?（来なくて良かったのに。）」と聞こえてしまい
　ます。
②　「わかりましたか。」を「Do you understand?」とすると、「あなた、わかってますか!?（上
　から目線）」という失礼なたずね方になってしまいます。

日本語では「なぜ日本にいらしたのですか。」「おわかりになりましたか。」など、敬語や丁寧語
がありますが、英語ではどうすれば失礼にあたらないのでしょうか。

（1）対応する英語がない→その表現が使われる場面・意味を考える

日本語表現に対応する決まった英語表現がない場合、様々な英訳の仕方があります。

「お疲れ様です。」の場合、「お疲れ様」→「疲れた」→「tired?」というように文字通り英訳するのではなく、その表現が使われる場面や意味を考えて英語にしましょう。

「お疲れ様です。」の英訳

 ① 軽い挨拶 ➜「Hello.（こんにちは。）」「Take care.（[別れ際に] 気を付けて。）」

 ② 頑張った人へのねぎらい ➜「Good job!（よくやりましたね。）」

 ③ 感謝の気持ち ➜「Thank you for all your trouble.（お手間をおかけしました。）」

（2）そのまま英語に訳すとちがう意味になる→日本語と英語の使われ方のちがいを意識する

① 日本語の「ファイト！」は、「頑張ってね。」と励ます意味合いを持つことに注目します。すると、「Good luck!（幸運を祈ります。）」や「You can do it.（君ならできるよ。）」というように英訳できます。

② 日本語の「マンション」は「集合住宅」という意味ですが、英語の「mansion」は「豪邸」という意味です。英語で「マンション（集合住宅）」というには「apartment」を使います。「私はマンションに住んでいます。」は、英語で「I live in an apartment.」となります。

（3）そのまま英語に訳すと失礼になる→英語では主語を変えると丁寧になることがある

① 「なぜ日本に来たのですか。」と聞きたいときは、

  「Why did you come to Japan?（なぜあなたは日本に来たの!?）」ではなく

  「What brought you to Japan?（何があなたを日本に連れて来ましたか。）」とする方が

  失礼にあたりません。

② 「Do you understand?（あなた、わかってますか!?）」も

  「Does it make sense?（それ＝私の話は意味を成していますか。）」とする方が丁寧な表現です。

このように、英語では「人」よりも「物」に焦点を当てる方が丁寧な表現になることがあります。

> 文字通りに訳すのではなく、日本語の意味を踏み込んで解釈したり、日本語と英語の言葉の使われ方のちがいを意識したりすることが大切だよ。

10. 確認の表現 ―― 付加疑問文

あなたは山田さんですよね。

Q. 目の前に男性がいます。おそらく山田さんですが、念のため確認したいです。
　その男性に何と声を掛けますか。（　　　　）にあてはまる言葉を┌┄┄┄┐から選びましょう。
　「あなたは山田さん（　　　　　　）。」

┌┄┄┄┄┄┄┄┄┄┄┄┄┄┄┄┄┄┄┄┄┄┄┄┄┄┐
　です　　ですよね　　ではありません
└┄┄┄┄┄┄┄┄┄┄┄┄┄┄┄┄┄┄┄┄┄┄┄┄┄┘

A. ですよね

┌───┐
│ 相手に同意を求めたり、念を押したりするとき、「〜ですよね」という表現を使います。│
│ 事実である可能性は比較的高いけれども、相手に確認する表現です。　　　　　　│
└───┘

「〜です」は、事実である可能性がほぼ100％で、確認する必要がない場合の表現、
「〜ですか」は事実かどうかわからず、たずねる場合の表現です。
「〜ではありません」というと、事実である可能性は０％です。

		「あなた＝山田さん」である可能性
あなたは山田さんです。	［断定］	100％
あなたは山田さんですよね。	［確認］	80-95％
あなたは山田さんですか。	［疑問］	??％
あなたは山田さんではありませんよね。	［確認］	5-10％
あなたは山田さんではありません。	［打ち消し］	0％

「あなたは山田さんですよね。」は「あなた＝山田さん」であることを確認していますが、「あなたは山田さんではありませんよね。」は、「あなた≠山田さん」であることを確認しています。

●「〜ですよね」「〜ですか」「〜ではありませんよね」「〜ではありません」というように、日本語では文末の表現を変えることで、事実かどうかの確認をしたり、事実であることを断定したり打ち消したりします。

You are Mr. Yamada, aren't you?

★英語で相手に同意を求めたり、念を押したりするとき、次の表現を文末に足します。
肯定文には 〈〜, + do / be 動詞 / 助動詞の否定形 + 主語（に対応する代名詞）+?〉、
否定文には 〈〜, + do / be 動詞 / 助動詞 + 主語（に対応する代名詞）+?〉。
これを付加疑問文といいます。

肯定文の場合

You are Mr. Yamada.　　　　　　あなたは山田さんです。

　　　　肯定文　　　　　　否定形
➡ You are Mr. Yamada, aren't you?　あなたは山田さんですよね。

> 肯定文なので否定形 aren't、主語 you を使って 〈, aren't you?〉 を文末に付けます。

否定文の場合

You aren't Mr. Yamada.　　　　　あなたは山田さんではありません。

　　　　否定文　　　　　　肯定形
➡ You aren't Mr. Yamada, are you?　あなたは山田さんではありませんよね。

> 否定文なので肯定形 are、主語 you を使って 〈, are you?〉 を文末に付けます。

Sachiko is kind, isn't she?　　　　サチコは親切ですよね。

> 主語 Sachiko の代名詞 she を使います。

☆一般動詞や助動詞を使った文の付加疑問文
　否定文で don't、疑問文で Do〜? としたように、付加疑問文でも do を使います。
　三人称単数現在形の場合は does、過去形の場合は did に変化します。
　　You study English, don't you?　　あなたは英語を勉強しますよね。
　　You don't study English, do you?　あなたは英語を勉強しませんよね。

　元の文に助動詞が使われている場合、付加疑問文にも助動詞を使います。
　　We can play soccer, can't we?　　私たちはサッカーをできますよね。
　　We can't play soccer, can we?　　私たちはサッカーをできませんよね。

基本問題

【1】 日本文と同じ意味にするとき、（　　　　）内の英語を並べかえて、正しい英文を作りましょう。文頭は大文字で書きましょう。

（1）　彼女はサチコですよね。

（ is / she / Sachiko / , / she / isn't ）？

_____

（2）　あなたはもう昼食を食べましたよね。

（ eaten / haven't / already / you / lunch / , / you / have ）？

_____

副 already
すでに、もう

（3）　トムはギターを弾けませんよね。

（ the / play / Tom / can / , / he / can't / guitar ）？

_____

（4）　あなたは明日、七時に起きますよね。

（ won't / , / you / will / at / get / seven / you / up / tomorrow ）？

_____

・get up
起きる、起床する

練習問題

【1】 次の日本文を英文にしましょう。

（1） 彼はトムではありませんよね。

_____

（2） あなたは昨日、サチコに電話しましたよね。

_____

動 call
電話する

（3） 彼女はもう宿題を終えましたよね。

_____

動 finish
終える

（4） あなたは明日、ロンドンにいくつもりではありませんよね。

_____

（5） 私たちは今日、テレビを見られますよね。

_____

11. だれかに伝えることがある ── tell / show 人 that～

サチコは私にフランスに行くつもりだと言いました。

Q．次の文には、二組の主語・述語が含まれています。波線の述語に対応する主語は何でしょうか。

① サチコは 私に フランスに 行くつもりだと 言いました。 （　　　　　　）

② トムは 私に 上手に ピアノを 弾けることを 見せてくれました。（　　　　　　）

A．① サチコは　　② トムは

サチコは 私に フランスに 行くつもりだと 言いました。

⬇ 主語を補うと……

サチコは 私に【サチコは フランスに 行くつもりだ】と 言いました。
主語１　　　　　主語２　　　　　　　　述語２　　　　　述語１

・「サチコは～言いました」「サチコは～行くつもりだ」という二組の主語・述語が含まれています。
・【　　　】で囲まれた部分が、サチコが私に言った内容です。
・主語を言い表さなくても通じるとき、日本語では省略されます。

トムは 私に【トムは 上手に ピアノを 弾けること】を 見せてくれました。
主語１　　　　主語２　　　　　　　　述語２　　　　　述語１

・「トムは～見せてくれました」「トムは～弾ける」という二組の主語・述語が含まれています。
・【　　　】で囲まれた部分が、トムが私に見せてくれた内容です。

●サチコが私に「私はフランスに行くつもりなの。」と言ったとします。
　この場合、フランスに行くのは「私」ではなく「サチコ」ですね。
　第三者の目線から、だれが何をするのか、主語・述語の関係を把握することが大切です。

Sachiko told me that she would go to France.

★「人に S が V だと言う」 　　→ 〈tell ＋ 人 ＋（that）＋ S ＋ V〉

「人に S が V するのを見せる」 → 〈show ＋ 人 ＋（that）＋ S ＋ V〉

この that は省略できます。

言った内容

Sachiko told me 【（that）she would go to France 】.
　S1　　V1　　　　　　　　S2　　V2

サチコは私に彼女（＝サチコ）はフランスに行くつもりだと言いました。

見せた内容

Tom showed me 【（that）he could play the piano well 】.
　S1　　V1　　　　　　　 S2　　V2

トムは私に彼（＝トム）は上手にピアノを弾けることを見せてくれました。

・日本語とちがって、英語では that 節の中の S2 を省略することはできません。
　that 節の中には主語と動詞が必要です。

・that 節は、それぞれ「told」と「showed」の目的語になっています。
　言った内容 が【she would go to France】、
　見せた内容 が【he could play the piano well】です。

・that 節の V2 の時制は、基本的に V1 に合わせます。今回は V1 が過去形なので、
　V2 も will → would、can → could というように過去形にします。

☆ that 節内の時制について
　英語では、不変の真理（いつの時代も変わらないこと）を表す文は現在形です。
　だから V1 が過去形や未来形であっても、that 節の内容が不変の真理である場合、
　V2 は現在形になります。
　　山田先生は、その生徒たちに地球は丸いと言いました。
　　Mr. Yamada told the students （that）the earth is round.
　　　　　　　　 V1　　　　　　　　　　　　　　　V2

A B C

基本問題

【1】 日本文と同じ意味にするとき、(　　　) 内の英語のうち正しいもの
を○で囲みましょう。

(1) サチコは私にその本はおもしろいと言いました。

Sachiko (said / told) me that the book (is / was)
interesting.

(2) 私の兄は私に図書館に行くつもりだと言いました。

My brother told me (to go / that he would go) to the
library.

(3) トムは私に日本語を話せることを見せてくれました。

Tom showed me (to speak / that he could speak) Japanese.

(4) 私の父は私にトムはロンドンに行くつもりだと言いました。

My father (said / told) me that Tom (go / would go) to
London.

(5) 私は私の父にロンドンに行きたいと言いました。

I told my father (want to go / that I wanted to go) to
London.

(6) 田中先生は私たちに地球は太陽の周りを回っていると言いました。

Mr. Tanaka told us that the earth (go / goes / went)
around the sun.

副 around
(〜の周りを)
ぐるりと

名 earth
地球

(7) その少年は私たちに上手にサッカーができることを見せてくれました。

The boy showed us (to play / that he could play) soccer
well.

【2】 日本文と同じ意味にするとき、（　　　）内の英語を並べかえて、正しい英文を作りましょう。文頭は大文字で書きましょう。

（1） その少女は私にテニスが好きだと言いました。

(told / tennis / liked / that / the / she / girl / me).

_____

（2） 私の父は私にサチコが家に帰ってきたと言いました。

(Sachiko / that / home / came / me / father / my / told).

_____

（3） サチコは私にその知らせが真実だと教えてくれました。

(that / news / the / Sachiko / true / was / told / me).

_____

名 news
知らせ

形 true
真実の

（4） 山田先生はいつも私たちに読書は大事だと言います。

(important / reading / is / Mr. Yamada / that / us / books / tells / always).

_____

副 always
いつも

形 important
大切な

☆ tell は say でも良い？

tell と say はともに「言う」という意味の動詞ですが、その後に続く英文の形が異なります。

| tell | ○ tell 人 that〜 | × tell that〜 |
| say | × say 人 that〜 | ○ say that〜 |

動詞によって、取れる英文の形が異なるので注意しましょう。

tell は「相手に伝える」、say は「台詞を言う」というイメージだね。

練習問題

【1】 次の英文には誤りがあります。誤りを直して日本文に合う英文に書き
かえましょう。

（1） 私の妹は私にフランスに行くつもりだと言いました。

My sister told me to go to France.

_____

（2） その先生はいつも私たちに数学を勉強することは大切だと言います。

The teacher always says us that studying math is
important.

_____

（3） その科学者は彼らに地球は丸いと言いました。

The scientist told them that the earth was round.

_____

名 scientist
科学者

形 round
丸い

（4） 太郎は私たちに速く泳げることを見せてくれました。

Taro showed us to swim fast.

_____

☆ tell と show のちがい
　tell は口頭で伝える場合、show は実際にやって見せる場合に使います。
　「tell →言う」「show →見せる」といつも訳されるわけではなく、
　ともに「教える」という訳になることもあります。

【2】　次の日本文を英文にしましょう。

（1）　トムは私に図書館に行くつもりだと言いました。

＿＿＿＿＿＿＿＿＿＿＿＿＿＿＿＿＿＿＿＿＿＿＿＿＿＿＿

（2）　私の父はいつも私に英語を勉強することはおもしろいと言います。

＿＿＿＿＿＿＿＿＿＿＿＿＿＿＿＿＿＿＿＿＿＿＿＿＿＿＿

（3）　サチコは私たちに英語を話せることを見せてくれました。

＿＿＿＿＿＿＿＿＿＿＿＿＿＿＿＿＿＿＿＿＿＿＿＿＿＿＿

（4）　私の母は私にその男性は有名なサッカー選手だと言いました。

＿＿＿＿＿＿＿＿＿＿＿＿＿＿＿＿＿＿＿＿＿＿＿＿＿＿＿

（5）　トムは私に百聞は一見にしかずだと言いました。

＿＿＿＿＿＿＿＿＿＿＿＿＿＿＿＿＿＿＿＿＿＿＿＿＿＿＿

・Seeing is
　believing.
　百聞は一見に
　しかず。

Seeing is believing.
　seeing ＝ believing
　見ること＝信じること
　→「百聞は一見にしかず」と同じ意味。
不変の真理と同じように、英語では
ことわざや慣用句も現在形で表すんだ。

12. 感情の理由 —— 形容詞 to 不定詞 / that〜

このプレゼントを気に入ってくれて私はうれしいです。

Q. 波線部の主語は何でしょうか。

① あなたに会えて 私はうれしいです。　　　　　　　（　　　　　　）

　　→ だれがあなたに会えた？

② このプレゼントを気に入ってくれて 私はうれしいです。（　　　　　　）

　　→ だれがプレゼントを気に入ってくれた？

A. ① 私が　　② あなたが

①②の文の波線部には、なぜ私がうれしい気持ちになったか、感情の理由が書かれています。
②は波線部（感情の理由を表す表現）の主語と【　　　】の主語が異なります。

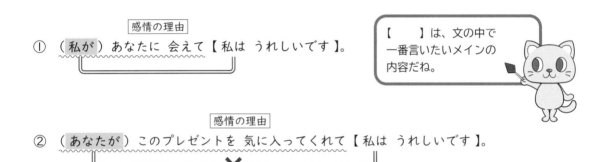

①　感情の理由
（ 私が ）あなたに 会えて【 私は　うれしいです 】。

【　　】は、文の中で
一番言いたいメインの
内容だね。

②　感情の理由
（ あなたが ）このプレゼントを 気に入ってくれて【 私は　うれしいです 】。

理由というと「〜から」「〜ため」という表現が思い浮かびますが、このように「（自分が）〜できてうれしい」「（人が）〜してくれてうれしい」という表現もできますね。

「（ 私が ）あなたに会えて」「（ あなたが ）このプレゼントを気に入ってくれて」という感情の理由を表す表現の主語について、言わなくても通じる場合、日本語では省略されます。あえて言うこともありますが、それは主語を強調したいときです。

「会いにきてくれて、私はとてもうれしかったです。」
「光太郎さんが会いにきてくれて、私はとてもうれしかったです。」

光太郎さんがより喜ぶ言い方は、どちらだと思いますか。

I am glad that you like this present.

★感情を表す形容詞の後に、to 不定詞や that 節を続けて、感情の理由を表します。

・〈感情を表す形容詞 + to + V〉は、感情の理由を表す表現の主語と【　　　】の主語が同じときに使います。

【 I am glad 】 to see you.　あなたに会えて私はうれしいです。
　　　　　　　　　主語が同じで表す必要がないため、to 不定詞で動詞のみ表します。

・〈感情を表す形容詞 + (that) + S + V〉は、感情の理由を表す表現の主語と【　　　】の主語が同じときにも異なるときにも使うことができます。

【 I am glad 】 (that) I finished my homework.　宿題が終わって私はうれしいです。
　　　　　　　　　that 節なので主語も表す必要があります。
　　　　　　　　　that は省略できます。

【 I am glad 】 (that) you like this present.
あなたがこのプレゼントを気に入ってくれて、私はうれしいです。

☆感情の理由を表す形容詞には、happy（幸せだ）、surprised（驚いた）、sad（悲しい）、afraid（怖い、恐れている）などがあります。

☆〈afraid to〜〉〈afraid that〜〉のちがい

・〈afraid + to + V〉＝「〜するのが怖い」「怖くて〜できない」という感情の理由
　She is afraid to go to the dentist.
　「彼女は歯医者に行くのが怖いです。」「彼女は怖くて歯医者に行けません。」という意味です。

・〈afraid + that + S + V〉＝「申し訳ございませんが〜」「恐れ入りますが〜」というおわび
　I am afraid that I can't help you.
　「申し訳ございませんが、あなたを手伝うことはできません。」「恐れ入りますが、あなたを手伝うことはできません。」というように、相手の希望に沿えず申し訳ない気持ちを表します。

afraid「恐れている」→ afraid that〜「恐れ入りますが」になるのは想像が付くね。

☆〈because ＋ S ＋ V〉「なぜなら〜だから」を使って、次のように感情の理由を表すこともできます。
　I am glad (that) you like this present.　➡　I am glad because you like this present.

基本問題

【1】 日本文と同じ意味にするとき、(　　　　) 内の英語のうち正しいものを〇で囲みましょう。

(1) 私はその知らせを聞いて驚きました。

I was surprised (that hear / to hear) the news.

動 hear
聞く

(2) サチコがフランスに行ったなんて驚きです。

I am surprised (that Sachiko went / to Sachiko go) to France.

(3) そのサッカー選手に会えて私はとてもうれしかったです。

I was very glad (to see / that I see) the soccer player.

(4) 私の兄が試合に勝ったので私はとてもうれしかったです。

I was very glad (to my brother win / that my brother won) the game.

動 win
勝つ
・過去形　won
・過去分詞 won

(5) その少年は病院に行くのを怖がりました。

The boy was afraid (that he went / to go / that he didn't go) to the hospital.

名 hospital
病院

(6) 恐れ入りますが、あなたに電話をすることはできません。

I'm afraid (that I can't call / not to call / to call) you.

(7) トムは川で泳ぐのが怖いです。

Tom is afraid (to swim / not to swim / that he can't swim) in the river.

【2】 日本文と同じ意味にするとき、（　　　　）内の英語を並べかえて、正しい英文を作りましょう。文頭は大文字で書きましょう。

（1） あなたが毎日英語を勉強しているとは驚きです。

(every / study / English / you / surprised / am / day / I / that).

_____

（2） 昨日、あなたに会えて驚きました。

(see / yesterday / I / to / was / you / surprised).

_____

（3） サチコは歯医者に行くのを怖がりました。

(go / dentist / to / Sachiko / the / was / afraid / to).

名 dentist
歯医者

_____

（4） 申し訳ありませんが、ここで食べることはできません。

(afraid / I / that / eat / cannot / here / you / am).

副 here
ここで

_____

（5） その時計を買えてトムはとてもうれしかったです。

(watch / to / very / Tom / was / buy / happy / the).

_____

練習問題

【１】 次の英文には誤りがあります。誤りを直して日本文に合う英文に書き
かえましょう。（　　　）の指示があれば、それに従って書きましょう。

（１） 私の兄がその試合に勝ったなんて驚きました。(that 節を使って)

I was surprised that my brother wins the game.

_____

（２） その少年は試合に負けてとても悲しかったです。(to 不定詞を使って)

The boy was very sad to lost the game.

_____

動 lose
負ける
・過去形　　lost
・過去分詞 lost

（３） その少女たちは怖くて泳げませんでした。(to 不定詞を使って)

The girls were afraid not to swim.

_____

（４） 恐れ入りますが、私たちはトムを手伝うことができません。

I'm afraid for us not to help Tom.

_____

【2】 次の日本文を英文にしましょう。（　　　）の指示があれば、それに
　　　従って書きましょう。

（１）　私はあなたに会えてとてもうれしかったです。（to 不定詞を使って）

　　　＿＿＿＿＿＿＿＿＿＿＿＿＿＿＿＿＿＿＿＿＿＿＿＿＿＿＿＿

（２）　私の父がその本を買ってくれて、私はうれしかったです。

　　　（that 節を使って）

　　　＿＿＿＿＿＿＿＿＿＿＿＿＿＿＿＿＿＿＿＿＿＿＿＿＿＿＿＿

動	buy

買う
・過去形　　bought
・過去分詞 bought

（３）　トムはその知らせを聞いて悲しかったです。（to 不定詞を使って）

　　　＿＿＿＿＿＿＿＿＿＿＿＿＿＿＿＿＿＿＿＿＿＿＿＿＿＿＿＿

（４）　私の姉がその試合に負けたので、私はとても悲しいです。

　　　（that 節を使って）

　　　＿＿＿＿＿＿＿＿＿＿＿＿＿＿＿＿＿＿＿＿＿＿＿＿＿＿＿＿

（５）　私は病院に行くのが怖いです。

　　　＿＿＿＿＿＿＿＿＿＿＿＿＿＿＿＿＿＿＿＿＿＿＿＿＿＿＿＿

☆ meet と see の使い分け

　meet と see はどちらも「会う」という意味ですが、使われ方が
異なります。

・初めて会う、約束して会う場合 → meet
　Nice to meet you.　お会いできてうれしいです（はじめまして）。

・一度でも会ったことがある、医者などにかかる場合 → see
　Nice to see you.　またお会いできてうれしいです。

点

【1】 日本文と同じ意味にするとき、(　　　　) 内の英語のうち正しいもの
　　を〇で囲みましょう。 (4点×10)

(1) トムはその知らせを聞いて驚きました。

Tom was surprised (that hear / to hear) the news.

形 surprised
驚いている

(2) サチコがロンドンに行ったなんて驚きです。

I am surprised (that Sachiko went / to Sachiko go) to
London.

(3) その有名な歌手に会えて、彼はとてもうれしかったです。

He was very glad (to see / that he sees) the famous
singer.

(4) 私の兄がその試験に合格したので、私はとてもうれしかったです。

I was very glad (to my brother passes /
that my brother passed) the examination.

動 pass
合格する

名 examination
試験

(5) 私は私の父にフランス語を勉強したいと言いました。

I told my father (to wants to study /
that I wanted to study) French.

(6) 田中先生は私たちに時は金なりと言いました。

Mr. Tanaka told us that time (is / was / were) money.

(7) その少女は私たちに上手にテニスができることを見せてくれました。

The girl showed us (to play / that she could play) tennis
well.

（8）　サチコは私に退屈だと言いました。

Sachiko told me (to be / that she is / that she was) bored.

動 bore
退屈させる
・boring
　(物) がつまらない、
　人を退屈させるような
・bored
　(人) が退屈している、
　退屈させられている

（9）　彼はサッカー選手ですよね。

He is a soccer player, (is / does / isn't) he?

（10）　あなたはピアノを弾けませんよね。

You can't play the piano, (can't / can) you?

【2】　次の英文を（　　　）の指示に従って書きかえましょう。(4点×4)

（1）　You did your homework. (「～ですよね」と念押しする文に)

_____

（2）　They don't speak Japanese. (「～ですよね」と念押しする文に)

_____

形 sad
悲しい
動 hear
聞く
・過去形　　heard
・過去分詞 heard

（3）　I was sad because I heard the news. (to 不定詞を使って)

_____

名 dentist
歯医者

（4）　I can't go to the dentist because I'm afraid of it.

(to 不定詞を使って)

_____

ABC

【３】 日本文と同じ意味にするとき、（　　　　）内の英語を並べかえて、正しい英文を作りましょう。文頭は大文字で書きましょう。 （４点×６）

（１） その少女は私に数学はおもしろいと言いました。

(told / interesting / was / that / the / math / girl / me).

_____

（２） トムは私に彼の父は日本食が好きだと言いました。

(Tom / that / food / liked / me / father / his / told / Japanese).

_____

（３） あなたはもう宿題を終えましたよね。

(finished / haven't / already / you / your / , / you / have / homework)?

_____

（４） あなたは明日、九時に寝ますよね。

(bed / won't / , / you / will / at / go / nine / you / to / tomorrow)?

· go to bed
寝る

_____

（５） その少年は彼女が家にいなかったのでとても悲しかったです。

(the / she / was / that / boy / very / wasn't / sad / at / home).

· be at home
家にいる

_____

（6） 恐れ入りますが、私はあなたに電話番号を教えることができません。

（ my / tell / that / can't / afraid / I / I'm / you / phone number ）．

_____

【4】 次の日本文を英文にしましょう。（　　　）の指示があれば、それに従って書きましょう。 （4点×5）

（1） 私の母は怖くて海外に行くことができません。（to 不定詞を使って）

_____

（2） 私の父が英語を教えてくれて、私はうれしかったです。

（that 節を使って）

_____

（3） 私の兄はいつも私に毎日勉強することは大切だと言います。

_____

（4） サチコは私たちに速く泳げることを見せてくれました。

_____

（5） あなたは昨日、トムに電話しませんでしたよね。

_____

> # 私はあなたに英語を教えてほしいです。

Q．波線部の主語は何でしょうか。

①　私の母は私に学校に行くように言いました。（　　　　　　）
　　　　　　　　　→学校に行くのはだれ？

②　私はあなたに英語を教えてほしいです。　（　　　　　　）
　　　　　　　　　→英語を教えるのはだれ？

A．① 私　　② あなた

上の文で、「学校に行く」のは「私」で、「英語を教える」のは「あなた」ですね。
「私に」「あなたに」は、直後に続く述語「学校に行く」「英語を教える」に対する主語なのです。

　　　　　私が 学校に行く
　私の母は ｜私に｜ 学校に行くように 言いました。

　┌─────────────────────────────────────┐
　│ ｜私に｜ は「言いました」の対象を表しています。 │
　│ 同時に、｜私｜ は「学校に行く」の主語の役割もしています。 │
　└─────────────────────────────────────┘

　　　　あなたが（私に）英語を教える
　私は ｜あなたに｜ 英語を教えて ほしいです。

　┌─────────────────────────────────────┐
　│ ｜あなたに｜ は「（教えて）ほしいです」の対象を表しています。 │
　│ 同時に、｜あなた｜ は「英語を教える」の主語の役割もしています。 │
　└─────────────────────────────────────┘

●日本語では単語ではなく、「は」「に」「が」などの助詞が、それぞれの単語の文中での働きを決めています。だから、語順を入れかえても文の意味が通じることが多いです。

　　　　㋐　　　　㋑　　　　　㋒　　　　　　㋓
　私の母は／私に／学校に行くように／言いました。

　　　　㋐　　　　　㋒　　　　　㋑　　　　　㋓
　私の母は／学校に行くように／私に／言いました。

　　㋑　　　　　㋒　　　　　㋐　　　　㋓
　私に／学校に行くように／私の母は／言いました。

> 述語だけは必ず最後だよ！

I want you to teach me English.

★「人に〜するように言う」 → 〈tell ＋ 人 ＋ to ＋ 動詞の原形［to 不定詞］〉

「人に〜してほしい」 → 〈want ＋ 人 ＋ to ＋ 動詞の原形［to 不定詞］〉

「人に〜するように頼む」 → 〈ask ＋ 人 ＋ to ＋ 動詞の原形［to 不定詞］〉

My mother told me to go to school.　私の母は私に学校に行くように言いました。

> me は「told」の目的語です。
> 同時に、「go to school」の主語の役割もしています。

I want you to teach me English.　私はあなたに英語を教えてほしいです。

> you は「want」の目的語です。
> 同時に、「teach me English」の主語の役割もしています。

My mother asked me to go to school.　私の母は私に学校に行くように頼みました。

> me は「asked」の目的語です。
> 同時に、「go to school」の主語の役割もしています。

☆ tell, want, ask の後に人は必要？ to 不定詞？ それとも that 節？

日本語とちがって、英語は動詞によって取れる文の形が決まっています。

○ tell ＋ 人 ＋ to ＋ V	× tell ＋ to ＋ V	○ tell ＋ 人 ＋ that〜 ※1
○ want ＋ 人 ＋ to ＋ V	○ want ＋ to ＋ V　　※2	× want ＋ 人 ＋ that〜
○ ask ＋ 人 ＋ to ＋ V	× ask ＋ to ＋ V	× ask ＋ 人 ＋ that〜

○ → その動詞が取れる英文の形　　× → その動詞が取れない英文の形

> tell の後ろには必ず「人」が続くよ。

※1　〈tell ＋ 人 ＋ to ＋ V〉と〈tell ＋ 人 ＋ that〜〉のちがい

〈tell ＋ 人 ＋ to ＋ V〉は「人に V するように言う（命令）」ですが、〈tell ＋ 人 ＋ that〜〉は p.81 で学んだ通り、「人に〜だと言う（引用）」という意味になります。

My mother told me that she couldn't sleep.　私の母は私に「眠れない。」と言いました。

※2　〈want ＋ 人 ＋ to ＋ V〉と〈want ＋ to ＋ V〉のちがい

〈want ＋ 人 ＋ to ＋ V〉は「人に V してほしい」ですが、〈want ＋ to ＋ V〉は「（主語が）〜したい」という意味になりますね。

I want to teach English.　私は英語を教えたいです。

基本問題

【1】 日本文と同じ意味にするとき、( )内の英語を並べかえて、正しい英文を作りましょう。文頭は大文字で書きましょう。

(1) 私の父は私にロンドンに行くように言いました。

(my / me / London / to / father / to / go / told).

_____

(2) 私はトムに日本語を勉強してほしいです。

(Tom / want / Japanese / to / I / study).

_____

(3) 私はメアリーに英語を教えてくれるよう頼みました。

(asked / teach / English / Mary / I / to / me).

_____

(4) 山田先生はその生徒に毎日読書するように言いました。

(every / the / told / books / Mr. Yamada / student / to / day / read).

_____

練習問題

【1】 次の日本文を英文にしましょう。

（1） 私の母は私にその部屋を掃除するように言いました。

_____

（2） 彼女にそのパーティーに来るよう頼んでもらえませんか。

名 party
パーティー

_____

（3） あなたにその本を読んでほしいです。

_____

（4） 私は父にその自転車を買ってくれるよう頼みました。

_____

（5） その先生はその生徒に毎日図書館に行くように言いました。

_____

（2）（3）の日本文では主語が省略されているよ。
英訳するときは主語を補って考えよう。

14. だれかにしてもらう —— make / let 人 原形不定詞（不定詞②）

私の母は私にその部屋を掃除させました。

Q.（　　　）にあてはまる言葉を [＿＿＿] から選びましょう。

① 私の母は 私に その部屋を 掃除（　　　　　）。

② サチコは 私に パソコンを使わせて（　　　　　　）。

> べきです　　くれました　　させました　　しなさい

A. ① させました　　② くれました

「人に〜させる」という言い方があります。これには少し強制的な意味合いがあります。

「〜させてくれる」はだれかが許可してくれるという意味です。

「〜させてください」は許可をお願いする表現ですね。

［強制］　私の母は私にその部屋を掃除させました。

［許可］　サチコは私に彼女のコンピューターを使わせてくれました。

［許可のお願い］　私にあなたの電話番号を知らせてください。
　　　　　　　　＝ 私にあなたの電話番号を教えてください。

●日本語で許可を表す表現はたくさんあります。

「〜させてあげる」は相手に許可していますが、ちょっと恩着せがましい言い方ですね。

「〜させてください」は「〜していいですか」とも言いかえられます。

My mother made me clean the room.

★「人に〜させる」 ➡ 〈make ＋ 人 ＋ 動詞の原形〉

「人に〜させてくれる／させてあげる」 ➡ 〈let ＋ 人 ＋ 動詞の原形〉

このように、to が付かない不定詞、つまり動詞の原形のことを原形不定詞といいます。

これまで「人に〜してほしい」 ➡ 〈want ＋ 人 ＋ to ＋ V〉などの表現を学んできたため、〈make ＋ 人 ＋ to ＋ V〉〈let ＋ 人 ＋ to ＋ V〉と表したくなりますが、これは間違いです。

[強制]

My mother made me clean the room.　私の母は私にその部屋を掃除させました。
　　　　　　　× to clean

[許可]

Sachiko let me use her computer.　サチコは私に彼女のコンピューターを使わせてくれました。
　　　　　× to use

[許可のお願い]

Let me know your phone number.　私にあなたの電話番号を知らせてください。
　　　　× to know

★「人が〜するのを手伝う」というときも、〈help ＋ 人 ＋ 動詞の原形〉にして、原形不定詞を使います。

Tom helped Sachiko do her homework.　トムはサチコが宿題をするのを手伝いました。
　　　　　　　　　× to do

☆ help の後には「人」を置く

「人が〜することを手伝う」というとき、〈help ＋ that〜〉とできそうですが、これは間違いです。

× Tom helped that Sachiko did her homework.

「人を助ける」ので help の後には必ず「人」を置きます。

○ Tom helped Sachiko do her homework.

☆ let〜 と please〜 のちがい

「Let me know your phone number.」は「Please tell me your phone number.」とも表せそうです。二つの表現にちがいはあるのでしょうか。

Let me know your phone number. ➡ 「知らせてください」と控えめにお願いする意味合い

Please tell me your phone number. ➡ 「教えて！」と積極的に求める意味合い

Please let me know your phone number. とすることもできます。

英語にも色々な許可の表現がありますね。

基本問題

【Ⅰ】 日本文と同じ意味にするとき、（　　　）内の英語を並べかえて、正しい英文を作りましょう。文頭は大文字で書きましょう。

（１） 私の母は私に毎日ピアノを練習させました。

（ piano / day / practice / my / the / mother / me / every / made ）.

_____

（２） サチコはそのペンを私に使わせてくれました。

（ let / Sachiko / me / the / use / pen ）.

let の過去形は
let のままだよ。

_____

（３） トムは私が宿題をするのを手伝ってくれました。

（ me / homework / do / Tom / helped / my ）.

_____

（４） あなたの予定を教えてください。

（ know / me / schedule / let / your ）.

名 schedule
予定

_____

練習問題

【I】 次の日本文を英文にしましょう。（　　　）の指示があれば、それに従って書きましょう。

（１） 私の父は私に英語を勉強させました。

_____

（２） 私にその写真を見せてください。（let を使って）

_____

（３） サチコは私がその部屋を掃除するのを手伝ってくれました。

_____

（４） トムは私にその車を洗わせました。

_____

動 wash
洗う

（５） その先生は私たちが数学を勉強するのを手伝ってくれます。

_____

15. …すぎて～できない ── too… to～ / so… that S＋V

このコーヒーは熱すぎて飲めません。

Q. コーヒーを注文したら、やけどしそうなくらい熱い状態で出てきました。
（　　　　）にあてはまる言葉を⎡‾‾‾‾‾⎤から選びましょう。
このコーヒーは熱くて（　　　　　　）。

```
飲めます　　飲めません　　飲みましょう
```

A．飲めません

「このコーヒーは熱くて飲めません。」という文は、「コーヒーが熱い」ことが原因で「飲めない」
という表現です。上の（　　　）には「飲めません」という打ち消しの言葉があてはまりますね。
「このコーヒーは熱すぎて飲めません。」とも言えます。

```
                              打ち消し
      このコーヒーは とても熱いので 飲めません。
    ＝ このコーヒーは 熱くて       飲めません。
    ＝ このコーヒーは 熱すぎて     飲めません。
```

●程度があまりに大きいとき、日本語では「…すぎて～できない」といいます。

```
    このコーヒーは 熱すぎて 飲めません。

              「運ぶ」の主語
    このかばんは 重すぎて 私は 運べません。
```

```
「…すぎて～できない」という表現について、「笑いすぎて 話せない」「走りすぎて 息がで
きない」など、日本語では「…」に様々な品詞を入れることができます。

    笑いすぎて 話せません → 「…すぎて」の「…」は「笑う」という動詞
    熱すぎて 飲めません   → 「…すぎて」の「…」は「熱い」という形容詞

英語ではどうでしょうか。
```

This coffee is too hot to drink.

★ 「…すぎて～できない」は、英語では〈too + 形容詞 / 副詞 + to + V〉で表します。

This coffee is too hot to drink.　このコーヒーは飲むには熱すぎます。

「drink（飲む）」という行為をするには「too hot（熱すぎる）」という文です。

「このコーヒーは飲むには熱すぎます。」＝「このコーヒーは熱すぎて飲めません。」という意味です。

日本語では「熱すぎて飲めません。」という打ち消しの表現ですが、英語で not を使わないように注意しましょう。

★ 〈too + 形容詞 / 副詞 + to + V〉は〈so + 形容詞 / 副詞 + that + S + can't + V〉に書きかえることができます。

This coffee is so hot that I can't drink it.　このコーヒーはとても熱いので私は飲めません。
　　　　　　　　　　　　　　[it = this coffee]

コーヒーが「so hot（とても熱い）」ので、その結果「I can't drink it（私はそれを飲めない）」という文です。

「to carry」の主語

This bag is too heavy for me to carry.　このかばんは私が運ぶには重すぎます。

= This bag is so heavy that I can't carry it.　このかばんはとても重いので私は運べません。
　　　　　　　　　　　　　　　[it = this bag]

「このかばんは重すぎて私は運べません。」という日本語訳をしても構いません。

☆ 〈too + 形容詞 / 副詞 + to + V〉〈so + 形容詞 / 副詞 + that + S + can't + V〉の文は、「because（なぜなら～だから）」を使って表すこともできます。

　I can't carry this bag because it is very heavy.
　私はこのかばんを運べません。なぜならとても重いからです。

日常会話ではこのような表現をすることも多いです。
自分が知っている英語表現を使いこなして伝わる英文を作れることも、とても大切です。

基本問題

【1】 日本文と同じ意味にするとき、(　　　)内の英語を並べかえて、正しい英文を作りましょう。文頭は大文字で書きましょう。

(1) その問題は私にとって難しすぎて解けません。

(it / problem / that / the / is / can't / so / I / difficult / solve).

_____

(2) 今日は寒すぎて外出できません。

(it / too / go / cold / to / out / is / today).

_____

(3) そのケーキは甘すぎて私の父は食べることができませんでした。

(sweet / to / the / my / eat / was / father / too / cake / for).

_____

(4) その車はとても高いので私の父は買うことができません。

(can't / my / is / so / expensive / father / that / buy / the / car / it).

_____

練習問題

【I】 次の日本文を英文にしましょう。

（1） サチコは疲れすぎていて英語を勉強できません。

_____

（2） その質問は難しすぎて、彼は答えられませんでした。

名 question
質問
動 answer
答える

_____

（3） 私は忙しすぎて、彼女と話すことはできません。

動 talk
話す
・talk with 人
　人と話す

_____

（4） 彼女は眠すぎて宿題ができませんでした。

形 sleepy
眠い

_____

（5） その少年はお腹が空きすぎて寝ることができませんでした。

形 hungry
空腹な、
お腹が空いた

_____

（2）〈too … to ＋ V〉では「answer（答える）」の目的語 it（＝the question）は不要ですが、〈so … that ＋ S ＋ can't ＋ V〉では目的語 it が必要です。

　　The question was too difficult for him to answer ̶.

＝ The question was so difficult that he couldn't answer it .

to 不定詞の中に目的語は含めませんが、that 節の中は完全な文となるので、目的語を含めます。

点

【1】 日本文と同じ意味にするとき、(　　　) 内の英語のうち正しいもの
を○で囲みましょう。 (4点×10)

(1) 私の母は私に私の部屋を掃除させました。

My mother made me (to clean / clean) my room.

(2) 私はトムが宿題をするのを手伝いました。

I helped Tom (do / to do / did) his homework.

(3) サチコは彼女の辞書を私に使わせてくれました。

Sachiko let me (to use / uses / use) her dictionary.

(4) 私はトムにギターを弾いてほしいです。

I want Tom (that play / to play) the guitar.

(5) 私はメアリーにトムに日本語を教えてくれるよう頼みました。

I asked Mary (teach / to teach) Tom Japanese.

(6) その問題は難しすぎて、その生徒は解けません。

The problem is too difficult (for / of) the student to solve.

(7) このコンピューターはとても高いので私の兄は買うことができません。

This computer is (too / so) expensive that my brother
can't buy it.

(8) あなたの住所を教えてください。

Please (let to know me / let me know) your address.

名 address
住所

（9） 私の父は私にその本を読むように言いました。

My father told me (read / to read / that read) the book.

（10） 今日は暑すぎて外でテニスができません。

It is (too / so) hot to play tennis outside.

形 hot
暑い
副 outside
外で

【2】 次の英文には誤りがあります。誤りを直して日本文に合う英文に書き
かえましょう。　　　　　　　　　　　　　　　　　　（4点×4）

（1） 私の父は私に毎日数学を勉強させます。

My father makes me to study math every day.

_____

（2） 私はトムに手伝ってほしいです。

I want Tom help me.

_____

（3） このかばんは重すぎて運ぶことができません。

This bag is too heavy not to carry.

形 heavy
重い
動 carry
運ぶ

_____

（4） その質問はとても難しかったので、私は答えることができませんでした。

The question was too difficult that I couldn't answer it.

名 question
質問
動 answer
答える

_____

【3】 日本文と同じ意味にするとき、(　　　)内の英語を並べかえて、正しい英文を作りましょう。文頭は大文字で書きましょう。 (4点×6)

(1) あなたの意見を教えてください。

(know / me / please / opinion / let / your).

名 opinion
意見

_____

(2) このコーヒーは熱すぎて私たちは飲むことができません。

(to / us / this / for / coffee / is / too / hot / drink).

_____

(3) 山田先生はその少年に毎日勉強するように言いました。

(every / the / told / study / Mr.Yamada / boy / to / day).

_____

(4) サチコは私が宿題をするのを手伝ってくれました。

(helped / my / me / Sachiko / homework / do).

_____

(5) 私の母は私に学校に行くように言いました。

(to / go / my / school / mother / told / me / to).

_____

（6）　その英語の歌は難しすぎて、その生徒は歌うことができません。

（ English / sing / that / the / song / is / difficult / it / the / so / can't / student ）.

_____

【4】　次の日本文を英文にしましょう。　　　　　　　　（4点×5）

（1）　トムは私にその問題を解かせました。

_____

名 problem
問題

動 solve
解く

（2）　その先生は私たちが放課後勉強するのを手伝ってくれます。

_____

・after school
　放課後

（3）　彼女は眠すぎて彼に電話できませんでした。

_____

形 sleepy
眠い

（4）　そのケーキは甘すぎて私は食べることができませんでした。

_____

形 sweet
甘い

（5）　サチコにピアノを弾くよう頼んでもらえませんか。

_____

16. 長い主語 ── 仮主語の it で短い主語に

本を読むことは大切です。

Q．次の文で波線部の述語に対応する主語は何でしょうか。

① 本を読むことは大切です。　　　　　　　（　　　　　　　　　）

② トムにとって日本語を話すことは簡単です。（　　　　　　　　　）

A．① 本を読むことは　　② トムにとって日本語を話すことは

次の文では、それぞれ「本を読むことは」「トムにとって日本語を話すことは」が主語になっています。

「本を読むこと」「トムにとって日本語を話すこと」という言葉のかたまりは、品詞でいうと名詞の役割をしています。

本を読むことは　大切です。
　　主語　　　　　述語

トムにとって日本語を話すことは　簡単です。
　　　　　主語　　　　　　　　　　述語

　→ 主語の中に主語（トム）・述語（話す）のセットが含まれています。

主語が長くて、少し頭でっかちの文章だね。

● 「本を読むのは大切です。」「トムにとって日本語を話すのは簡単です。」というように「こと」を「の」と表す場合もあります。このときも、「本を読むの」というかたまりは名詞の役割をしていますね。

● 「私にとって日曜日に図書館で熱心に英語を勉強することは楽しいです。」というように、日本語ではどんどん主語を長くしていくことができますが、あまりに頭でっかちになると、特に話し言葉では理解しづらいですね。

It is important to read books.

★ to 不定詞や that 節を使った主語が長くなる文は、文頭に it を置いて主語を短くして、〈It ＋ is ＋ 形容詞 ＋ to ＋ V〉〈It ＋ is ＋ 形容詞 ＋(that)＋ S ＋ V〉という形にします。この it は形式的に置かれているだけで、意味はありません。仮主語や形式主語と呼ばれます。

It is important to read books.　本を読むことは大切です。
It is easy for Tom to speak Japanese.　トムにとって日本語を話すことは簡単です。

☆〈It ＋ is ＋ 形容詞 ＋ to ＋ V〉から〈It ＋ is ＋ 形容詞 ＋(that)＋ S ＋ V〉への書きかえ
（1）　It is important to read books. ＝ It is important (that) we read books.

〈that ＋ S ＋ V〉という形になるので、主語 we が補われます。
「私たち＝人々一般」を指すため、二つの英文はほぼ同じ意味になります。

（2）　「V することは人にとって～である」というように、「人にとって」という意味が強く感じられる場合は、〈It ＋ is ＋ 形容詞 ＋(that)＋ S ＋ V〉に書きかえることはできません。この形容詞には、dangerous（危険な）、difficult（難しい）、easy（簡単な）、possible（可能な）、impossible（不可能な）などがあてはまります。

It is easy for Tom to speak Japanese.

「トムにとって」という意味合いが強いので、〈It ＋ is ＋ 形容詞 ＋(that)＋ S ＋ V〉に書きかえられません。

> 仮主語の it は「それ」と訳さないように気を付けよう。

☆なぜ仮主語の it を使うの？
　仮主語の it を使わずに英文を書くこともできます。

| To read books | is important.
| For Tom to speak Japanese | is easy.
| That we read books | is important.

主語が長く、頭でっかちの文章になりますね。また「important（大切だ）」「easy（簡単だ）」など結論が最後に置かれる形になります。仮主語の it を使うと、「It is important～」「It is easy～」というように結論が先にわかります。
英語は頭でっかちを嫌い、結論を先に示す言語なので、仮主語の it がよく用いられます。

基本問題

【1】 日本文と同じ意味にするとき、(　　　) 内の英語のうち正しいものを〇で囲みましょう。

(1) トムにとって日本語を話すのは簡単です。

It is easy (for Tom speaks / for Tom to speak) Japanese.

(2) 英語を勉強することは大切です。

It is important (that we study / we to study) English.

(3) その少年たちにとってサッカーをすることは楽しいです。

It is exciting for the boys (playing / to play) soccer.

(4) 私の姉にとって部屋をきれいに保っておくことは大切です。

It is important for my sister (keep clean the room / keeping clean the room / to keep the room clean).

動 keep
保つ
形 important
大切な

(5) 私に英語を教えてくれるなんてあなたは親切です。

It is kind (for you / of you) to teach me English.

(6) その問題を解けるなんて彼は賢いです。

It is clever (of him / to him / for him) to solve the problem.

形 clever
賢い
名 problem
問題
動 solve
解く

〈It＋is＋人の性質を表す形容詞～.〉のときは、for ではなく of を使ったね。
　　　　　　人の性質
　It is kind of you to help me.

私を助けてくれるなんてあなたは親切です。

練習問題

【１】 次の日本文を英文にしましょう。

（１） 数学を勉強することは大切です。

_____

（２） サチコにとって英語を話すことは簡単です。

_____

（３） その質問に答えるのは難しいです。

_____

名 question
質問

動 answer
答える

（４） 私にとって本を読むことはとてもおもしろいです。

_____

（５） 私の母にとって車を運転するのは危険です。

_____

形 dangerous
危険な

動 drive
運転する

（１） To study math is important. や Studying math is important.
としても間違いではないけど、仮主語 it を使う方が自然な表現だよ。
また、動名詞の場合は仮主語 it を使って It is important studying math.
とはできないので注意しよう。

17. 言わなくてもわかる主語 ── 時間や距離、天気を表す it

学校まで（距離は）五キロメートルです。

Q．次の文では主語が省略されています。省略されている主語は何でしょうか。┌------┐から選び
ましょう。

① 今日、晴れです。　　　　　　（　　　　　　）

② 学校まで五キロメートルです。（　　　　　　）

③ 今、五時です。　　　　　　　（　　　　　　）

┌------------------------┐
│ 距離は　　天気は　　時刻は │
└------------------------┘

A．① 天気は　　② 距離は　　③ 時刻は

上の文には主語がありません。天候、明暗、寒暖、距離、時間、時刻、曜日、月日など、
主語を言わなくても通じる場合、日本語では省略されます。
主語を補うと、それぞれ次のようになります。

今日、│天気は│晴れです。

学校まで│距離は│五キロメートルです。

今、│時刻は│五時です。

┌---┐
│ ●言葉を省略できる日本語   │
│ 天気、距離、時刻以外でも、日本語では主語を省略することが多くあります。   │
│ 例えば「昨日、図書館にいたよ。」と言うと、会話の流れをくんで、聞き手が「あなたは図 │
│ 書館にいたのね。」「トムが図書館にいたんだ。」というように主語を補って理解してくれます。│
│   │
│ 日本語では主語だけでなく、述語も省略することがあります。レストランで「私はサンド   │
│ ウィッチ。」と言うと、「私はサンドウィッチを注文します。」という意味ですね。   │
│   │
│ 主語や述語を省略できるのは日本語の特徴であり、英語との大きなちがいです。   │
└---┘

It is five kilometers to the school.

★英語では、天候、明暗、寒暖、距離、時間、時刻、曜日、月日などを表すとき、it を主語にします。これを it の特別用法といいます。

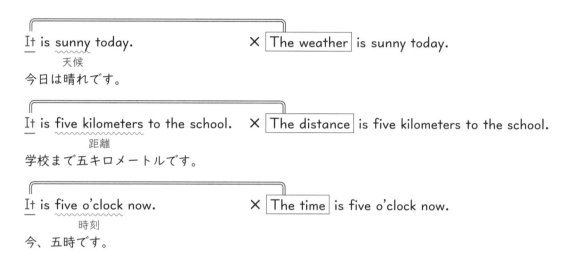

It is sunny today.　　　　　　× The weather is sunny today.
　　天候
今日は晴れです。

It is five kilometers to the school.　× The distance is five kilometers to the school.
　　距離
学校まで五キロメートルです。

It is five o'clock now.　　　　× The time is five o'clock now.
　　時刻
今、五時です。

「The weather（天気は）」「The distance（距離は）」「The time（時刻は）」などは言わなくても通じますが、日本語とちがって英語では主語を省略することができません。だから、it を形式的に主語にします。

学校まで五キロメートルです。　　　➡　日本語では「距離は」という主語を省略できる

It　is　five kilometers　to the school.　➡　英語では主語を省略できないので it を置く
　です　　五キロメートル　　　学校まで

☆通常、it は前に話題に上った特定の物を指すときに使われ、「それ」と訳されますね。
　しかし it の特別用法は形だけのものなので、訳す必要はありません。

☆言葉を省略できない英語
「昨日、図書館にいたよ。」という主語が省略された日本語を英語にするとき、主語を補って
「I was in the library yesterday.（私は昨日、図書館にいたよ。）」
「Tom was in the library yesterday.（トムは昨日、図書館にいたよ。）」と言います。

英語では主語だけでなく、動詞も省略できません。
「I the sandwich.（私はサンドウィッチ。）」ではなく、「I would like the sandwich.
（私はサンドウィッチがほしいです。／私はサンドウィッチを注文します。）」と言います。
主語や動詞をはっきりと言い表すのが英語の特徴です。

基本問題

【1】 日本文と同じ意味にするとき、（　　　）内の英語を並べかえて、正しい英文を作りましょう。文頭は大文字で書きましょう。

（1） 今日は何曜日ですか。

(today / what / is / day / it)?

_____

（2） 昨日は雨でした。

(it / rainy / yesterday / was).

_____

形 rainy
雨の

（3） 今、三時です。

(now / is / three / it / o'clock).

_____

（4） 学校まで一キロメートルです。

(school / kilometer / it / to / is / the / one).

_____

☆ふつう「学校へ行く」は「go to school」と言い、school の前に the を付けませんが、（4）では school の前に the を付けます。なぜでしょうか。

・school を「勉強するための場所」という意味で使う場合、the を付けません。
　だから、生徒が通学することを言う場合は「go to school」です。

・school を学校という「建物」と見なし、参観など勉強以外の目的で行く場合は、the を付けます。（4）は学校を「建物」として見ている文なので、the が必要なのです。

練習問題

【１】 次の日本文を英文にしましょう。

（１） 今日は金曜日です。

_____

（２） 明日は寒いでしょう。

_____

形 cold
寒い

（３） 外は暗いです。

_____

形 dark
暗い

副 outside
外

（４） 昨日は晴れでした。

_____

形 sunny
晴れの

（５） 図書館から駅まではどれくらい遠いですか。

_____

形 far
遠い

前 from
〜から

> How far「どれくらい遠いですか」
> →「どれくらいの距離ですか」というように
> 距離をたずねる表現になるよ。

18. 物が主語になる ── 無生物主語

この本は英文法を教えてくれます。

Q.（　　　）にあてはまる言葉を┌──────┐から選びましょう。
① 五分（　　　　　　）、あなたは図書館に着くでしょう。
② この本を（　　　　　　）、英文法がわかります。

┌─────────────────────────────┐
│ するとき　読めば　しないと　歩けば │
└─────────────────────────────┘

A．① 歩けば　② 読めば

「五分歩けば、あなたは図書館に着くでしょう。」「この本を読めば、英文法がわかります。」という文は、行為や物が人に影響を与えるという表現です。

行為　　　　　　　　　　人
五分歩く　　　　　➡　あなたは 図書館に着く

物（行為）　　　　　　　　人
この本（を読む）➡　私たちは 英文法がわかる

上の文を、行為や物を主語にして書きかえるとどうなるでしょうか。
「五分の徒歩は、あなたを図書館に連れて行くでしょう。」「この本は英文法を教えてくれます。」
となり、不自然な表現になりますね。

行為や物が人に働きかける場合でも、日本語の文では行為や物を主語にするのではなく、人を主語にすることが多いです。日本語は人を中心に考えるのですね。
英語はどうでしょうか。

┌───┐
│ 「花が笑う。」「空が泣いている。」のような文は、物が主語になっています。 │
│ このような表現を擬人法といい、人間ではないものを人間にたとえています。 │
│ 擬人法は、行為や物が人に影響を与えるという今回の内容とは異なります。 │
└───┘

This book teaches us English grammar.

★簡潔な表現が好まれる英語では、物を主語にして簡潔な文にすることがあります。
生き物ではない物が主語なので、無生物主語といいます。

五分歩けば、あなたは図書館に着くでしょう。

【人が 主語 】 If you walk for five minutes, you will reach the library.

【物が 主語 】 Five minutes' walk will take you to the library.

> 主語だった人が目的語に

この本を読めば、英文法がわかります。

【人が 主語 】 If we read this book, we can understand English grammar.

【物が 主語 】 This book teaches us English grammar.

人が主語の文は、〈If + S + V～,〉の後にさらに〈S + V～〉が続き、英文が長くなってしまいます。このようなとき、物を主語にして文を簡潔にすることがあります。日本語は人を主語にすることが多い言語ですが、英語は物を主語にできる客観的な言語なのです。

☆英語→日本語への訳し方
　　Five minutes' walk will take you to the library. という英文を訳すとき、「 五分の徒歩は 、あなたを図書館に連れて行くでしょう。」と訳しても間違いではありませんが、「五分歩けば、あなたは 図書館に着くでしょう。」というように「～すれば」「～すると」を使って人を主語にすると、自然な日本語訳になります。

☆日本語→英語への訳し方
　　「五分歩けば、あなたは 図書館に着くでしょう。」という日本語から、
　　Five minutes' walk will take you to the library. という英文を書くのは、最初は難しいかもしれません。
　　思いつかない場合は、
　　If you walk for five minutes, you will reach the library. と書いても問題ありません。

自分が知っている英単語や言い回しを使って英文を作れることは、とても大切です。

基本問題

【Ⅰ】 日本文と同じ意味にするとき、（　　　）内の英語を並べかえて、正しい英文を作りましょう。文頭は大文字で書きましょう。

（１）　この写真を見ると私は幸せな気分になります。

（ me / makes / this / happy / picture ）.

_____

（２）　新聞によるとそのテニス選手は試合に勝ったとのことです。

（ the / that / newspaper / tennis / the / won / game / player / says / the ）.

名 newspaper
新聞

動 say
言う、〜によると

_____

（３）　なぜあなたは日本に来たのですか。

（ brought / what / to / you / Japan ）?

動 bring
連れてくる
・過去形 brought

_____

（４）　十分歩けば駅に着くでしょう。

（ to / ten / station / the / minutes' / will / walk / you / take ）.

動 take
連れて行く

> 「〜の」は「's」で表すよ。minutes には複数形のsがあって、sが重複するので「'」だけを付けるんだ。

_____

> 「なぜ（人が）〜なのか」→「何が（人を）〜させたのか」というように考えましょう。

練習問題

【1】 (　　　) の指示に従って、次の日本文を英文にしましょう。

(1) なぜあなたはそんなに怒っていたのですか。(make を使って)

_____

副 so
そんなに、
それほど

(2) その電車に乗れば東京に行けるでしょう。(the train を主語にして)

_____

(3) その知らせを聞いて私は驚きました。(the news を主語にして)

_____

動 surprise
(物が人を)
驚かせる

(4) その写真を見れば、それが真実だとわかりました。(show を使って)

_____

形 true
真実である

(5) 運動のおかげで私は健康でいられます。(keep を使って)

_____

名 exercise
運動

形 healthy
健康な、健康的な

(4) p. 81 で〈show＋人＋(that)＋S＋V〉「人に S が V であること
を見せる」という表現を学んだね。今回の日本文には「人に」という
部分がないよ。このような場合、show は〈show＋(that)＋S＋V〉
という形でも使えるんだ。

> トムとメアリーは友達です。

Q. 次の「と」は、それぞれ何と何を結んでいるでしょうか。
　① トムとメアリーは友達です。　　　　　　　　　　　　　（　　　　　　　　　）
　② 私は二本の赤いバラと三本の白いバラを買いました。　　（　　　　　　　　　）

A. ① トム、メアリー　　② 二本の赤いバラ、三本の白いバラ

「と」は、二つ以上の言葉を対等に結びます。
「トム」と「メアリー」というように、一語の言葉同士を結ぶだけでなく、「二本の／赤い／バラ」「三本の／白い／バラ」というように、二語以上の言葉同士を結ぶこともできます。

トム と メアリー は友達です。

トム　　メアリー
――友達――

私は 二本の赤いバラ と 三本の白いバラ を買いました。

●次の文には「と」が含まれていませんが、二つの主述関係が対等に結ばれています。

私はピアノを弾き 、 トムは歌いました 。

●「サチコは優しくて、かわいいです。」という文は自然ですが、「サチコは優しくて、生徒です。」という文は不自然ですね。なぜでしょうか。
「優しい」と「かわいい」は共に形容詞なので、対等に結ぶことができます。
しかし、「優しい」は形容詞、「生徒」は名詞で、品詞が異なるので、対等に結ぶことができません。
対等に結ぶことができるのは、同じ品詞の言葉同士や文同士なのですね。

Tom and Mary are friends.

★「～と…」というように語や文を対等な関係で結ぶ場合、英語では and を使います。
このような品詞が同じ言葉や文同士を対等に結ぶ接続詞を、等位接続詞といいます。

Tom and Mary are friends.　トムとメアリーは友達です。

I bought two red roses and three white roses .
私は二本の赤いバラと三本の白いバラを買いました。

I played the piano and Tom sang .　私はピアノを弾き、トムは歌いました。

☆等位接続詞は、品詞が異なる言葉同士を結ぶことができません。

○ Sachiko is kind and pretty .　サチコは優しくて、かわいいです。
　　　　　　 形容詞　　 形容詞

× Sachiko is kind and a student .　サチコは優しくて、生徒です。
　　　　　　 形容詞　　 名詞

☆ and 以外の等位接続詞
・二つ以上の中から一つを選ぶ or
　Is Sachiko at home or at school ?　サチコは家にいますか、それとも学校にいますか。
　Will you open the window , or can I do it ?
　窓を開けてもらえますか、それとも私が開けてもいいですか。

・逆のことを表す but
　Tom is young but wise .　トムは若いけれども賢いです。
　I want to go , but I can't .　行きたいのですが行けません。

・結果を表す so
　It is rainy today , so we can't play soccer .　今日は雨なのでサッカーができません。
　※ so は文同士しか結ぶことができません。

基本問題

【1】 日本文と同じ意味にするとき、（　　　）内の英語を並べかえて、正しい英文を作りましょう。文頭は大文字で書きましょう。

（1） 私はペンを三本と消しゴムを一つ買いました。

（ an / I / pens / bought / three / eraser / and ）.

名 eraser
消しゴム

_____

（2） その生徒は背が高くありませんが、上手にバスケットボールができます。

(not / the / tall / well / , / student / basketball / can / he / play / but / is).

_____

（3） 彼は熱心にサッカーを練習したので、その試合に勝ちました。

(game / practiced / won / , / he / hard / the / he / soccer / so).

動 win
勝つ
・過去形　　won
・過去分詞 won

_____

（4） コーヒーにしますか、それとも紅茶にしますか。

(tea / would / like / you / or / coffee)?

・Would you like〜?
〜がほしいですか。
〜はいかがですか。

_____

練習問題

【1】 次の日本文を英文にしましょう。

（1） サチコとトムは数学が好きです。

_____

（2） あなたか私が図書館に行かなければなりません。

_____

（3） 昨日は雨だったので、私たちは公園で走ることができませんでした。

_____

（4） 私の父はロンドンを訪れたかったけれども、できませんでした。

_____

動 visit
訪れる

（5） その少年がギターを弾き、その少女は歌いました。

_____

動 sing
歌う
・過去形　sang
・過去分詞 sung

☆ and や but で文をつなぐとき、基本的には「 ,（カンマ）」を使いますが、
　文が短い場合はなくても構いません。

　〇 I play the piano, and Tom sang.

　〇 I play the piano and Tom sang.

☆ so で文をつなぐとき、必ず「 ,（カンマ）」が必要です。

　〇 It is rainy today, so we can't play soccer.

　✕ It is rainy today so we can't play soccer.

20. 微妙なニュアンスのちがい —— 間違いやすい時制

次の文はそれぞれいつ起きたことなのでしょうか。意味やちがいについて考えてみましょう。

（１）日本語の状態と変化

> ① 私は疲れました。
> ② 私は疲れていました。
> ③ 私は疲れてきました。

① 「疲れていない状態」から「疲れている状態」になったという過去の状態の変化を表しています。

② 「疲れていた」という過去の状態を表しています。

③ 「（どんどん）疲れてきた」というように、過去から現在にかけて状態の程度が大きくなってきている様子を表しています。

（２）日本語の状態と継続

> ① 彼は東京に住んでいます。
> ② 彼は十年間ずっと東京に住んでいます。

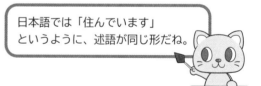

日本語では「住んでいます」というように、述語が同じ形だね。

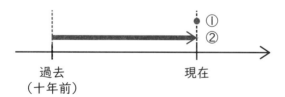

① 「東京に住んでいる」という現在の状態がわかりますが、その期間はわかりません。

② 「十年間ずっと」という表現があることで、ある期間状態が継続していることがわかります。

（１）英語の状態と変化――get / be 動詞 / 現在進行形

① I got tired.　私は疲れました。
② I was tired.　私は疲れていました。
③ I am getting tired.　私は疲れてきました。

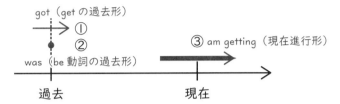

① 〈get ＋ 形容詞〉は、「（ある状態に）なる」という状態の変化を表します。
　　今回は「疲れた」という過去の出来事なので、過去形の got にします。
② 〈be 動詞＋形容詞〉は、その時の状態を表します。
③ 現在進行形〈be 動詞＋動詞 ing〉は、過去から現在にかけて状態の程度が大きくなってきている様子を表します。

> 現在進行形は「～しているところです」という進行中の動作を表すだけじゃないんだね。どんどん進行して程度が大きくなる様子も表すんだね。

（２）英語の状態と継続――現在形と現在完了形

① He lives in Tokyo.　彼は東京に住んでいます。
② He has lived in Tokyo for ten years.　彼は十年間ずっと東京に住んでいます。

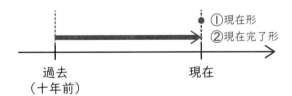

> 日本語で「～している」だからといって、英語で現在進行形にしないように注意しよう。

① 動詞の現在形は、現在の状態を表します。
② 「ずっと住んでいる」というように、現在完了形〈have ＋ 過去分詞〉は状態の継続を表します。

（3）日本語の過去の事実と現在の状態

① 私は時計を失くしました。（今も見つかっていない）
② 私は時計を失くしました。（今は見つかった／見つかったかどうかはわからない）

日本語で「私は時計を失くしました。」と言うと、「時計を失くした」という過去の事実しかわかりません。今見つかっているかどうか伝えたいときは、その後の文で補足する必要がありますね。

（4）日本語の現在に限りなく近い過去

① 彼はちょうど今、出発しました。
② 彼はちょうど今、出発したところです。

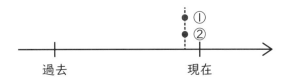

「出発しました」「出発したところです」というように表現が少しちがいますが、日本語では①も②も意味はほとんど同じです。現在に限りなく近い過去を表していますね。

（5）日本語の未来を表す「とき」

① 家に着いたら、電話してください。
② いつ家に着くか教えてください。

①も②も、「家に着く」のは未来の話です。
① 「家に着いたら」の部分が副詞の役割をしています。
② 「いつ家につくか」は名詞の役割をしています。

（3）英語の過去の事実と現在の状態——過去形と現在完了形①

① I have lost my watch.　私は時計を失くしました。（今も見つかっていない）
② I lost my watch.　私は時計を失くしました。
　（今は見つかった／見つかったかどうかわからない）

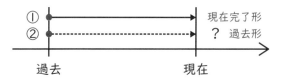

日本語では追加の文で補足する
必要があったけど、英語では
一文でちがいを表せるんだね。

① 「have lost（失くした）→ まだ見つかっていない」というように、
　現在完了形は過去の出来事による影響が現在まで続いていることを表します。
② 「lost（失くした）」という過去形は、過去の事実だけ述べる場合に使います。

（4）英語の現在に限りなく近い過去——過去形と現在完了形②

① He left just now.　彼はちょうど今、出発しました。
② He has just left.　彼はちょうど今、出発したところです。

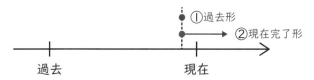

①・② どちらもほとんど同じ意味ですが、just now は「たった今」「ついさっき」という意味
　　　で、過去の一点を表すため、過去形と共に使われます。
② just は現在完了形と共に用いられ、「ちょうど」という意味です。「ちょうど出発して彼は
　今ここにいない」ことを伝えています。

（5）英語の「とき」——副詞と名詞の役割をする when のちがい

① When you get home, please call me.　家に着いたら、電話してください。
② Please tell me when you will get home.　いつ家に着くか教えてください。

when〜の役割が
副詞なのか名詞なのか
しっかりと確認しよう。

①・② どちらも「家に着く」のは未来の話ですが、
　　　副詞の役割をする when〜の中は、未来のことも現在形で表します。
② 名詞の役割をする when〜の中は、未来のことは未来形で表します。

基本問題

【1】 日本文と同じ意味にするとき、（　　　　）内の英語のうち正しいもの
を〇で囲みましょう。

（1） 私は英語に興味があります。

I (am / become / am becoming) interested in English.

（2） 私は英語に興味が湧きました。

I (become / became / am becoming) interested in English.

（3） 私は英語に興味が湧いてきました。

I (become / became / am becoming) interested in English.

（4） サチコは大阪に住んでいます。

Sachiko (lived / lives) in Osaka.

（5） サチコは昨年から大阪に住んでいます。

Sachiko (is living / lives / has lived) in Osaka since last
year.

（6） 私の兄は財布を失くしました。（見つかったかどうかはわからない）

My brother (lost / has lost / loses) his wallet.

動 lose
失くす
・過去形　　lost
・過去分詞 lost

（7） 私の兄は財布を失くしました。（今も見つかっていない）

My brother (lost / has lost / loses) his wallet.

（8） トムが家に着いたら教えてください。

Please tell me when Tom (got / gets / will get) home.

（9） いつトムが家に着くかを教えてください。

Please tell me when Tom (got / gets / will get) home.

【2】 日本文と同じ意味にするとき、（　　　）内の英語を並べかえて、正しい英文を作りましょう。文頭は大文字で書きましょう。

（1）　そのバスが来たら、私に電話してください。

(comes / please / the / when / bus / me / call).

_____

（2）　そのバスがいつ来るか、あなたは知っていますか。

(you / will / when / do / the / know / bus / come)?

_____

（3）　サチコはその鍵を失くしてしまいました。（今も見つかっていない）

(lost / the / Sachiko / key / has).

_____

（4）　その生徒はだんだんと退屈してきています。

(the / is / student / bored / getting).

_____

動 bore
退屈させる

・boring
　（物）がつまらない、
　人を退屈させるような
・bored
　（人）が退屈している、
　退屈させられている

（5）　彼はたった今、宿題を終えました。

(just / he / homework / his / finished / now).

_____

練習問題

【Ⅰ】 次の英文には誤りがあります。誤りを直して日本文に合う英文に書き
かえましょう。

（１） トムはちょうど今、出発したところです。

（だからもういないことを伝えたいとき）

Tom just left.

_____

（２） トムはたった今、出発しました。

（出発したという過去の事実を伝えたいとき）

Tom has left just now.

_____

（３） お母さんが帰ってきたら、私に教えてください。

Please tell me when my mother will come home.

_____

（４） いつお母さんが帰ってくるかを私に教えてください。

Please tell me when my mother comes home.

_____

☆ get と become のちがい
　〈get ＋ 形容詞〉〈become ＋ 形容詞 / 名詞〉はともに「〜になる」と
いう意味ですが、変化するのにかかった期間で使い分けます。

　get：短い期間（数時間や数日）での変化
　become：長い期間（数か月や年単位）での変化

【2】　次の日本文を英文にしましょう。

（１）　私は疲れました。

動 tire
疲れさせる
・tired
　（人が）疲れた

_____

（２）　私は昨日疲れていました。

_____

（３）　トムは（だんだんと）疲れてきています。

_____

（４）　その少年はその辞書を失くしました。（今も見つかっていない）

名 dictionary
辞書

_____

（５）　その少年はその辞書を失くしました。（見つかったかどうかはわからない）

_____

☆なぜ副詞の役割をする when〜 の中では、未来のことも現在形で表す
　のでしょうか。
　When Tom comes home, we will go shopping.
　トムが帰ってきたら、私たちは買い物に行くつもりです。
　説①「トムが帰ってくること」が実現していると見なしているため。
　説②「we will go shopping.（主節）」を見れば未来形だとわかるため。

A B C

【１】　日本文と同じ意味にするとき、（　　　　）内の英語のうち正しいもの
　　　を○で囲みましょう。　　　　　　　　　　　　　　　　（４点×10）

（１）　私の姉にとってその試合に勝つことは大切です。

　　　It is important for my sister (win the game /
　　　winning the game / to win the game).

（２）　私を助けてくれるなんてあなたは親切です。

　　　It is kind (for you / of you) to help me.

（３）　トムにとって日本語で手紙を書くのは簡単です。

　　　It is easy (for Tom writes / for Tom to write) a letter in
　　　Japanese.

（４）　昨日はくもりでした。

　　　(That / It / There) was cloudy yesterday.

形 cloudy
くもりの

（５）　彼女の兄は東京に住んでいます。

　　　Her brother (live / lives / lived) in Tokyo.

（６）　私は昨年からロンドンに住んでいます。

　　　I (am living / live / have lived) in London since last year.

（７）　サチコは科学に興味があります。

　　　Sachiko (is / become / is becoming) interested in science.

（８）　サチコは科学に興味が湧きました。

　　　Sachiko (is / became / is becoming) interested in science.

（9） サチコは科学に興味が湧いてきました。

Sachiko (is / becomes / is becoming) interested in science.

（10） あなたか私がそのコンピューターを使うことができます。

(You or I / You or Me) can use the computer.

【2】 次の英文を（　　　）の指示に従って書きかえましょう。（4点×3）

（1） Why were you so angry？（make を使って）

副 so
そんなに

_____

（2） You will get to Tokyo, if you take the train.
　　　（the train を主語にして）

動 get to～
～に着く

動 take
・（電車・バス
　などに）乗る
・連れて行く

_____

（3） I was surprised to hear the news.（the news を主語にして）

_____

【3】 日本文と同じ意味にするとき、（　　　）内の英語を並べかえて、正しい英文を作りましょう。 文頭は大文字で書きましょう。 （4点×6）

（1） そのりんごは赤くありませんでしたが、おいしかったです。

(apple / was / red / not / , / was / it / delicious / the / but).

_____

（2）　彼は熱心に勉強したので、その試験に合格しました。

（ examination / studied / the / , / he / hard / passed / he / so ）.

_____

名 examination
試験

動 pass
合格する

（3）　新聞によると、その盗まれたお金は見つかったとのことです。

（ the / that / newspaper / stolen / the / money / was / found / says ）.

_____

動 steal
盗む
・過去形　stole
・過去分詞 stolen

動 say
言う、〜によると

（4）　なぜトムは日本に来たのですか。

(brought / what / to Tom / Japan)?

_____

（5）　十分歩けば私たちは図書館に着くでしょう。

(to / ten / library / the / minutes' / will / walk / us / take).

_____

（6）　数学を勉強することはとても大切です。

(math / study / it / that / important / is / you / very).

_____

【4】 次の日本文を英文にしましょう。　　　　　　　　（4点×6）

（1）　その少年はそのケーキを食べてしまいました。（だからケーキはもうない）

　　　＿＿＿＿＿＿＿＿＿＿＿＿＿＿＿＿＿＿＿＿＿＿＿＿＿＿＿＿

（2）　その少年はそのケーキを食べました。（ケーキがまだあるかはわからない）

　　　＿＿＿＿＿＿＿＿＿＿＿＿＿＿＿＿＿＿＿＿＿＿＿＿＿＿＿＿

（3）　私のお父さんが家に帰ってきたら、私に電話してください。

　　　＿＿＿＿＿＿＿＿＿＿＿＿＿＿＿＿＿＿＿＿＿＿＿＿＿＿＿＿

（4）　いつ私のお父さんが家に帰ってくるか知っていますか。

　　　＿＿＿＿＿＿＿＿＿＿＿＿＿＿＿＿＿＿＿＿＿＿＿＿＿＿＿＿

（5）　駅から図書館まではどれくらいの距離ですか。

形 far
遠い

　　　＿＿＿＿＿＿＿＿＿＿＿＿＿＿＿＿＿＿＿＿＿＿＿＿＿＿＿＿

（6）　明日は晴れるでしょう。

　　　＿＿＿＿＿＿＿＿＿＿＿＿＿＿＿＿＿＿＿＿＿＿＿＿＿＿＿＿

（5）「どれくらいの距離」＝「どれくらい遠い」
と考えるといいよ。

巻末資料① 不規則な変化をする動詞の活用表

意味	原形	過去形	過去分詞形
～である	be（am / are / is）	was / were	been
～になる	become	became	become
買う	buy	bought	bought
つかまえる	catch	caught	caught
来る	come	came	come
する	do	did	done
食べる	eat	ate	eaten
見つける	find	found	found
得る	get	got	gotten, got
行く	go	went	gone
持っている	have	had	had
聞く	hear	heard	heard
知っている	know	knew	known
去る	leave	left	left
作る	make	made	made
会う	meet	met	met
読む	read	read	read
言う	say	said	said
見る	see	saw	seen
売る	sell	sold	sold
歌う	sing	sang	sung
とる	take	took	taken
教える	teach	taught	taught
思う	think	thought	thought
勝つ	win	won	won
書く	write	wrote	written

他にもたくさんあります。ここでは主なものを紹介しています。

形容詞・副詞の比較変化表

【比較級 –er、最上級 –est を付ける単語】
（–y で終わるものは y を i に変える。–e で終わるものは –r, –st を付ける。）

意味	原級	比較級	最上級
大きい	big	bigger	biggest
早い、早く	early	earlier	earliest
大きい、すばらしい	great	greater	greatest
すてきな	nice	nicer	nicest
簡単な	easy	easier	easiest
小さい	small	smaller	smallest

【比較級 more、最上級 most を付ける単語】

意味	原級	比較級	最上級
美しい	beautiful	more beautiful	most beautiful
難しい	difficult	more difficult	most difficult
興奮させるような	exciting	more exciting	most exciting
有名な	famous	more famous	most famous
重要な	important	more important	most important
興味深い	interesting	more interesting	most interesting
役に立つ	useful	more useful	most useful
すばらしい	wonderful	more wonderful	most wonderful
簡単に	easily	more easily	most easily

【不規則な変化をする単語】

意味	原級	比較級	最上級
悪い	bad	worse	worst
良い	good	better	best
上手に	well		
少し	little	less	least
（数が）多い	many	more	most
（量が）多い	much		

他にもたくさんあります。ここでは一部を紹介しています。

A B C

at

① ［場所、時間の一点］　at school「学校で」　at 3 o'clock「三時に」
② ［対象］　　　　　　　look at me「私を見る」

一点

in

① ［場所］　　　　　　in Tokyo「東京で」
② ［年、月、季節］　in April「四月に」　in the summer「夏に」
in は at よりも広い範囲を表します。

内部

on

① ［接触］　　　　　on the table「テーブルの上に」
② ［曜日、日付］　on Friday「金曜日に」　on May 5th「五月五日に」

接触

with

［共同、付帯］　talk with him「彼と一緒に話す」
　　　　　　　a boy with blue eyes「青い目の少年」
「青い目と一緒の少年」＝「青い目を持った少年」という意味になります。

お供

from

［場所、時間などの起点］　from Osaka「大阪から」
　　　　　　　　　　　　from Monday「月曜日から」

起点

to

① ［場所、時間などの到達点］　from Osaka to Tokyo「大阪から東京まで」
② ［対象］　　　　　　　　　　teach to him「彼に教える」

到達点

for

① ［方向、時間］　the train for Shibuya「渋谷行きの電車」
　　　　　　　　for a week「一週間」
② ［対象、利益］　buy for her「彼女のために買う」

向かう

to は動作の受け手が必要な動詞、for は動作の受け手が不要な動詞に対して使います。
「teach 教える」は相手がいないとできない動作なので、「teach（物）to 人」となります。
「buy 買う」は一人でもできる動作なので、「buy（物）for 人」となります。

解答

p. 10-13

基本問題【1】

（1）　me English　　　　（2）　Japanese to him　　　（3）　Mary a wallet

（4）　a bike for my brother　　（5）　me Sachiko　　　（6）　me happy

基本問題【2】

（1）　I showed Sachiko the picture.

（2）　Tom gave the book to his brother.

（3）　Sachiko keeps the room clean.

（4）　He found the book interesting.

（5）　We named the dog Pochi.

練習問題【1】

（1）　I teach math to my brother.

　　　あるいは　I teach my brother math.

（2）　He sent a letter to Mary.

　　　あるいは　He sent Mary a letter.

（3）　He bought a watch for her.

　　　あるいは　He bought her a watch.

（4）　The story made me sad.

（5）　I call the boy Taro.

練習問題【2】

（1）　My mother keeps the room clean.

（2）　I found it easy.

（3）　They named the cat Tama.

（4）　The teacher teaches us English.

　　　あるいは　The teacher teaches English to us.

（5）　Sachiko showed me the letter.

　　　あるいは　Sachiko showed the letter to me.

p. 16-19

基本問題【1】

（1）　has liked　　　（2）　has been waiting　　　（3）　have just finished

（4）　has eaten　　　（5）　have lived　　　　　　（6）　have been studying

（7）　has just cleaned　　（8）　have read

基本問題【2】

（1） It has been raining for a week.

（2） We have broken the window.

（3） I have known Sachiko since last year.

（4） My brother has just finished his homework.

（5） His sister has been studying math since yesterday.

練習問題【1】

（1） Tom and Mary have been friends for three years.

（2） Tom has lived in London since 2020.

（3） I have known her for two years.

（4） They have been running for an hour.

（5） My father has visited Nara three times.

練習問題【2】

（1） I have just eaten lunch.

（2） We have been friends since last year.

（3） My brother has just finished his homework.

（4） My sister has been studying English for two hours.

（5） I have lived in Kyoto for five years.

（6） The boy has been playing soccer since this morning.

p. 22-25

基本問題【1】

（1） broke   （2） was broken   （3） broke

（4） was broken   （5） was built   （6） will be built

（7） Can the star be seen   （8） Is English spoken   —it is

基本問題【2】

（1） The computer will be used by Mary.

（2） Her wallet was stolen yesterday.

（3） This dish was not broken by my cat.

（4） Is the soccer player known to many people?   —Yes, he is.

練習問題【1】

（1） This dish was broken by my dog.

（2） This computer will not be used by Tom.

（3） This school was built last month.

（4） Was the door closed by Taro?

（5） English and French are spoken in Canada.

あるいは　They[We / You] speak English and French in Canada.

練習問題【2】

（1） The musician is known to many people.

（2） The mountain was covered with snow.

（3） Japanese is spoken in Japan.

あるいは　We[You / They] speak Japanese in Japan.

（4） My bicycle[bike] was stolen yesterday.

（5） A library will not be built next year.

あるいは　They[You / We] will not build a library next year.

p. 26-29　まとめのテスト①

【1】

（1）　a book for my brother	（2）　me sad	（3）　Japanese to Tom
（4）　was broken	（5）　be built	（6）　can be seen
（7）　broke	（8）　has liked	（9）　has been waiting
（10）　has just finished		

【2】

（1） This computer will be used by Tom.

（2） Tom and Mary have been friends for three years.

（3） He sent a letter to Mary.

（4） I have been studying English since this morning.

【3】

（1） The singer is known to many people.

（2） It has been raining for an hour.

（3） My sister has been studying science since yesterday.

（4） Does Sachiko keep the room clean?

（5） Tom gave the watch to his sister.

（6） We named the cat Tama.

【4】

（1） I found it difficult.

（2） Mt. Fuji is covered with snow.

（3） His dictionary was stolen yesterday.

（4） We have been studying English for two hours.

（5） Tom has lived in Kyoto since last year.

（6） Sachiko showed me the picture.

　　　あるいは　Sachiko showed the picture to me.

p. 32-35

基本問題【1】

（1）　crying baby　　　（2）　baby crying in the car　　　（3）　stolen

（4）　picture painted　　（5）　girl speaking French　　　（6）　the stolen wallet

（7）　painted by Tom　　（8）　speaking English

基本問題【2】

（1）　The picture painted by Mary is beautiful.

（2）　I met a girl speaking French yesterday.

（3）　The running man is my father.

（4）　Sachiko read the book written in English.

（5）　The cake made by my mother was delicious.

練習問題【1】

（1）　The man running in the park is our teacher.

（2）　The language spoken in France is French.

（3）　I like the picture painted by Tom.

（4）　The singing girl is my sister.

（5）　Do you know the boy swimming in the river?

練習問題【2】

（1）　This is the pen broken by Sachiko.

（2）　Do you know the girl speaking French?

（3）　Look at the swimming boy.

（4）　I want to show you the letter written in English.

　　　※ I want to show the letter written in English to you. とも書けますが、「the letter to you
　　　　（あなた宛ての手紙）」という意味にも取れるので、上記の方がより良い答えです。

（5）　The stolen money was found.

p. 39-43

基本問題【1】

（1）　who speaks

（2）　which Tom painted

（3）　which Sachiko took

（4）　who studies

（5）　who play

（6）　which is spoken

基本問題【2】

（1）　I know the girl who can speak French.

（2）　The picture which Mary painted is beautiful.

（3）　The cake which my mother made was delicious.

（4）　Tom found the wallet which was stolen yesterday.

練習問題【1】

（1）　The language which is spoken in Japan is Japanese.

（2）　I like the picture which Tom painted.

（3）　The watch (which) Sachiko bought is nice.

（4）　I know the girl who can play the piano.

練習問題【2】

（1）　This is the doll (which[that]) my dog broke.

（2）　Do you know the boy who[that] speaks English?

（3）　I want to show you the picture (which[that]) Tom took.

（4）　The story (which[that]) Sachiko wrote makes me happy.

（5）　I ate the cake (which[that]) Tom made.

p. 46-49

基本問題【1】

（1）　the boy with a dog

（2）　girl singing in the park

（3）　used by Sachiko

（4）　who can speak

（5）　an old letter written in Japanese

（6）　beautiful picture he painted

基本問題【2】

（1）　I have a black cat with blue eyes.

（2）　I met a cute girl speaking French yesterday.

（3）　I know the tall man who runs in the park every day.

（4）　Sachiko read the old book written in English.

（5）　There are many students interested in math.

練習問題【1】

（1）　I like the picture taken by Tom.

（2）　Look at the baby crying in the car.

（3）　It was difficult to read the old book written in English.

（4） The new wallet which my mother bought is nice.

（5） I know the kind boy who speaks English.

練習問題【2】

（1） I know the cute girl who[that] can play the piano.

（2） Look at the tall boy (who[that] is) playing soccer in the park.

（3） I want to show you the old picture (which[that]) my father took.

（4） The picture (which[that]) Sachiko painted is very beautiful.

（5） The tall woman (who[that] is) swimming in the river is my mother.

p. 50-53　まとめのテスト②

【1】

（1） the stolen bike　　（2） painted by the student　　（3） speaking English

（4） which she painted　　（5） who plays　　　　（6） who can speak

（7） which was made by Tom　　　（8） the boy with blue eyes

（9） an old book written in Japanese　　（10） beautiful picture he took

【2】

（1） was / broken　　（2） were / written

【3】

（1） The woman playing the piano is my mother.

（2） I met the tall man speaking French yesterday.

（3） Tom found the watch which was stolen last week.

（4） I have a cute doll with blue eyes.

（5） I know the boys who play soccer in the park every day.

（6） There are many students interested in science.

【4】

（1） Was the stolen money found?

（2） Who is the cute girl (who[that] is) playing the piano?

（3） Look at the tall boy (who[that] is) singing in the park.

（4） I want to read the letter (which[that]) Tom wrote in Japanese.

（5） The sandwich (which[that]) my sister made was delicious.

　　　あるいは　The sandwiches (which[that]) my sister made were delicious.

（6） The red apple (which[that]) I ate this morning was very big.

p. 56-59

基本問題【1】

（1）　why Tom is angry　　（2）　is Tom angry　　（3）　will she buy

（4）　what she will buy　　（5）　when the bus will leave　　（6）　will the bus leave

（7）　is the man　　（8）　who the man is

基本問題【2】

（1）　Tom knows what she wants for her birthday.

（2）　Does your brother know where the library is?

（3）　Please tell me when his birthday is.

（4）　I don't know what my mother is doing now.

練習問題【1】

（1）　Do you know why the student is crying?

（2）　Why is the student crying?

（3）　I don't know when Tom will[is going to] leave.

（4）　When Tom comes home, please call me.

練習問題【2】

（1）　Please tell me what Sachiko bought.

（2）　Do you know where Tom will[is going to] play soccer next Sunday?

（3）　I didn't know why my brother was crying at that time[then].

（4）　My sister doesn't know where the station is.

（5）　Do you know who the girl is?

p. 62-65

基本問題【1】

（1）　were / would　　（2）　had / could　　（3）　could

（4）　knew / would　　（5）　were / would　　（6）　is

（7）　could　　（8）　had / could

基本問題【2】

（1）　I wish I could speak French well.

（2）　If I were a bird, I could fly to you.

（3）　If I could play the piano well, I would be a pianist.

（4）　If I had time, I would read books.

（5）　If I were young, I would study English hard.

練習問題【1】

（1）　If you have time, you can play tennis.

（2）　If I had time, I would play tennis.

（3） I wish I were rich.

（4） If I were you, I would call her.

練習問題【2】

（1） I wish I were a bird.

（2） If I were rich, I would sleep all day.

（3） If I had time, I could clean my room.

（4） If I could play soccer well, I could be a soccer player.

（5） If it is sunny tomorrow, we will〔are going to〕play tennis.

p. 68-69

基本問題【1】

（1） How fast he runs!　　　（2） How cold it is today!

（3） What a cute doll this is!　　　（4） What a difficult book this is!

練習問題【1】

（1） How well Sachiko plays the piano!

（2） What a kind boy he is!

（3） How easy this problem is!

（4） How fast Tom can swim!

（5） What a nice picture this is!

p. 70-73　まとめのテスト③

【1】

（1） Sachiko is crying　　　（2） what he will buy　　　（3） who the woman is

（4） will the train leave　　　（5） could　　　（6） How

（7） What　　　（8） were / would　　　（9） had / could

（10） had / could

【2】

（1） If I had money, I could buy the car.

（2） I want to know when the bus will leave.

（3） How beautiful this flower is!

【3】

（1） Does he know when her birthday is?

（2） I don't know what my sister is doing now.

（3） If I were a bird, I could fly in the sky.

（4） I wish I could go to New York with you.

（5） If I had time, I would watch the movie.

（6） What an interesting book this is!

【4】

（1） Her father wants to know what she bought.

（2） Please tell me where you study on Saturdays[every Saturday].

（3） How well Tom can play the guitar!

（4） What a kind girl Sachiko is!

（5） If I were rich, I would buy many[a lot of] computers.

（6） If I could speak French, I would go to France.

p. 78-79

基本問題【1】

（1） She is Sachiko, isn't she?

（2） You have already eaten lunch, haven't you?

あるいは　You have eaten lunch already, haven't you?

（3） Tom can't play the guitar, can he?

（4） You will get up at seven tomorrow, won't you?

練習問題【1】

（1） He is not Tom, is he?

（2） You called Sachiko yesterday, didn't you?

（3） She has already finished her homework, hasn't she?

あるいは　She has finished her homework already, hasn't she?

（4） You will not go to London tomorrow, will you?

あるいは　You are not going to go to London tomorrow, are you?

（5） We can watch TV today, can't we?

p. 82-85

基本問題【1】

（1） told / was

（2） that he would go

（3） that he could speak

（4） told / would go

（5） that I wanted to go

（6） goes

（7） that he could play

基本問題【2】

(1) The girl told me that she liked tennis.

(2) My father told me that Sachiko came home.

(3) Sachiko told me that the news was true.

(4) Mr. Yamada always tells us that reading books is important.

練習問題【1】

(1) My sister told me (that) she would go to France.

(2) The teacher always tells us that studying math is important.

(3) The scientist told them that the earth is round.

(4) Taro showed us (that) he could swim fast.

練習問題【2】

(1) Tom told me (that) he would go to the library.

(2) My father always tells me (that) studying English is interesting.

あるいは My father always tells me (that) it is interesting to study English.

※ My father always tells me (that) to study English is interesting. も文法上は間違いでは
ありませんが、that を省略した場合、「tell 人 to～（人に～するように言う）」という
意味にも取れるので、上記二つの方がより良い答えです。

(3) Sachiko showed us (that) she could speak English.

(4) My mother told me (that) the man was a famous soccer player.

(5) Tom told me (that) seeing is believing.

p. 88-91

基本問題【1】

(1) to hear   (2) that Sachiko went   (3) to see

(4) that my brother won   (5) to go   (6) that I can't call

(7) to swim

基本問題【2】

(1) I am surprised that you study English every day.

(2) I was surprised to see you yesterday.

(3) Sachiko was afraid to go to the dentist.

(4) I am afraid that you cannot eat here.

(5) Tom was very happy to buy the watch.

練習問題【1】

(1)　I was surprised that my brother won the game.

(2)　The boy was very sad to lose the game.

(3)　The girls were afraid to swim.

(4)　I'm afraid (that) we cannot help Tom.

練習問題【2】

(1)　I was very happy[glad] to meet[see] you.

(2)　I was happy[glad] that my father bought me the book.

　　　あるいは　I was happy[glad] that my father bought the book for me.

(3)　Tom was sad to hear the news.

(4)　I am very sad that my sister lost the game.

(5)　I am afraid to go to the hospital.

p.92-95　まとめのテスト④

【1】

(1)　to hear	(2)　that Sachiko went	(3)　to see
(4)　that my brother passed	(5)　that I wanted to study	(6)　is
(7)　that she could play	(8)　that she was	(9)　isn't
(10)　can		

【2】

(1)　You did your homework, didn't you?

(2)　They don't speak Japanese, do they?

(3)　I was sad to hear the news.

(4)　I'm afraid to go to the dentist.

【3】

(1)　The girl told me that math was interesting.

(2)　Tom told me that his father liked Japanese food.

(3)　You have already finished your homework, haven't you?

　　　あるいは　You have finished your homework already, haven't you?

(4)　You will go to bed at nine tomorrow, won't you?

(5)　The boy was very sad that she wasn't at home.

(6)　I'm afraid that I can't tell you my phone number.

【4】

(1)　My mother is afraid to go abroad.

(2)　I was happy[glad] that my father taught me English[taught English to me].

（3） My brother always tells me (that) studying every day is important.

　　あるいは　My father always tells me (that) it is important to study every day.

　　※ My father always tells me (that) to study every day is important. も文法上は間違いでは
　　ありません が、that を省略した場合、「tell 人 to〜（人に〜するように言う）」という
　　意味にも取れるので、上記二つの方がより良い答えです。

（4） Sachiko showed us (that) she could swim fast.

（5） You didn't call Tom yesterday, did you？

p. 98-99

基本問題【Ⅰ】

（1） My father told me to go to London.

（2） I want Tom to study Japanese.

（3） I asked Mary to teach me English.

（4） Mr. Yamada told the student to read books every day.

練習問題【Ⅰ】

（1） My mother told me to clean the room.

（2） Can[Could / Will / Would] you ask her to come to the party？

（3） I want you to read the book.

（4） I asked my father to buy me the bike[bicycle].

　　あるいは　I asked my father to buy the bike[bicycle] for me.

（5） The teacher told the student to go to the library every day.

p. 102-103

基本問題【Ⅰ】

（1） My mother made me practice the piano every day.

（2） Sachiko let me use the pen.

（3） Tom helped me do my homework.

（4） Let me know your schedule.

練習問題【Ⅰ】

（1） My father made me study English.

（2） Let me see the picture.

　　あるいは　Please let me see the picture.

（3） Sachiko helped me clean the room.

（4） Tom made me wash the car.

（5） The teacher helps us study math.

p. 106-107

基本問題【1】

（1）　The problem is so difficult that I can't solve it.

（2）　It is too cold to go out today.

（3）　The cake was too sweet for my father to eat.

（4）　The car is so expensive that my father can't buy it.

練習問題【1】

（1）　Sachiko is too tired to study English.

　　　あるいは　Sachiko is so tired that she cannot study English.

（2）　The question was too difficult for him to answer.

　　　あるいは　The question was so difficult that he could not answer it.

（3）　I am too busy to talk with her.

　　　あるいは　I am so busy that I cannot talk with her.

（4）　She was too sleepy to do her homework.

　　　あるいは　She was so sleepy that she could not do her homework.

（5）　The boy was too hungry to sleep.

　　　あるいは　The boy was so hungry that he could not sleep.

p. 108-111　まとめのテスト⑤

【1】

（1）　clean　　　（2）　do　　　（3）　use　　　（4）　to play

（5）　to teach　　（6）　for　　　（7）　so　　　（8）　let me know

（9）　to read　　（10）　too

【2】

（1）　My father makes me study math every day.

（2）　I want Tom to help me.

（3）　This bag is too heavy to carry.

（4）　The question was so difficult that I couldn't answer it.

　　　あるいは　The question was too difficult for me to answer.

【3】

（1）　Please let me know your opinion.

（2）　This coffee is too hot for us to drink.

（3）　Mr. Yamada told the boy to study every day.

（4）　Sachiko helped me do my homework.

（5）　My mother told me to go to school.

（6）　The English song is so difficult that the student can't sing it.

【4】

(1) Tom made me solve the problem.

(2) The teacher helps us study after school.

(3) She was too sleepy to call him.

あるいは She was so sleepy that she could not call him.

(4) The cake was too sweet for me to eat.

あるいは The cake was so sweet that I could not eat it.

(5) Can[Could / Will / Would] you ask Sachiko to play the piano?

p. 114-115

基本問題【1】

(1) for Tom to speak　　(2) that we study　　(3) to play

(4) to keep the room clean　　(5) of you　　(6) of him

練習問題【1】

(1) It is important to study math.

あるいは It is important (that) we[you / they] study math.

※ To study math is important. / Studying math is important. も文法上は間違いではありま

せんが、仮主語 it を使った上記二つの方が自然な表現です。

(2) It is easy for Sachiko to speak English.

(3) It is difficult to answer the question.

※ To answer the question is difficult. / Answering the question is difficult. も文法上は間

違いではありませんが、仮主語 it を使った上記二つの方が自然な表現です。

(4) It is very interesting for me to read books.

(5) It is dangerous for my mother to drive (a car).

p. 118-119

基本問題【1】

(1) What day is it today?　　(2) It was rainy yesterday.

(3) It is three o'clock now.　　(4) It is one kilometer to the school.

練習問題【1】

(1) It is Friday today.

(2) It will be cold tomorrow.

(3) It is dark outside.

(4) It was sunny yesterday.

(5) How far is it from the library to the station?

p. 122-123

基本問題【1】

（1）　This picture makes me happy.

（2）　The newspaper says that the tennis player won the game.

（3）　What brought you to Japan?

（4）　Ten minutes' walk will take you to the station.

練習問題【1】

（1）　What made you so angry?

（2）　The train will take you to Tokyo.

（3）　The news surprised me.

（4）　The picture showed (that) it was true.

（5）　Exercise keeps me healthy.

p. 126-127

基本問題【1】

（1）　I bought three pens and an eraser.

（2）　The student is not tall, but he can play basketball well.

（3）　He practiced soccer hard, so he won the game.

（4）　Would you like coffee or tea?

練習問題【1】

（1）　Sachiko and Tom like math.

（2）　You or I must[have to] go to the library.

（3）　It was rainy yesterday, so we could not run in the park.

　　　あるいは　We could not run in the park because it was rainy yesterday.

（4）　My father wanted to visit London, but he could not.

（5）　The boy played the guitar(,) and the girl sang.

p. 132-135

基本問題【1】

（1）　am　　　（2）　became　　　（3）　am becoming

（4）　lives　　（5）　has lived　　（6）　lost

（7）　has lost　（8）　gets　　　　（9）　will get

基本問題【2】

（1）　Please call me when the bus comes.

（2）　Do you know when the bus will come?

（3）　Sachiko has lost the key.

（４）　The student is getting bored.

（５）　He finished his homework just now.

練習問題【１】

（１）　Tom has just left.

（２）　Tom left just now.

（３）　Please tell me when my mother comes home.

（４）　Please tell me when my mother will come home.

練習問題【２】

（１）　I got tired.

（２）　I was tired yesterday.

（３）　Tom is getting tired.

（４）　The boy has lost the dictionary.

（５）　The boy lost the dictionary.

p. 136-139　まとめのテスト⑥

【１】

（１）　to win the game　　（２）　of you　　（３）　for Tom to write

（４）　It　　（５）　lives　　（６）　have lived

（７）　is　　（８）　became　　（９）　is becoming

（10）　You or I

【２】

（１）　What made you so angry?

（２）　The train will take you to Tokyo.

（３）　The news surprised me.

【３】

（１）　The apple was not red, but it was delicious.

（２）　He studied hard, so he passed the examination.

（３）　The newspaper says that the stolen money was found.

（４）　What brought Tom to Japan?

（５）　Ten minutes' walk will take us to the library.

（６）　It is very important that you study math.

【4】

(1)　The boy has eaten the cake.

(2)　The boy ate the cake.

(3)　Please call me when[if] my father comes home.

　　あるいは　When[If] my father comes home, please call me.

(4)　Do you know when my father will come home?

(5)　How far is it from the station to the library?

(6)　It will be sunny tomorrow.

著者略歴

多田 淑恵

　合同会社テラック代表。東京大学卒、東京大学大学院修士課程修了。在学中、ドイツ ベルリン・フンボルト大学に留学。日本IBM勤務を経て、合同会社テラックを設立。これからの社会を見据え、子どもたちの問題解決力を養う教育事業を展開する。

　著書に『お母さんの「怒りの言葉」は子どもの「やる気を引き出す言葉」に変えられる！』（PHP研究所）。『小学生のためのスター・ウォーズで学ぶ はじめてのプログラミング』（学研プラス）を監修。

〈英語学習・教育について〉

　中学生時代、英語学習歴2年で英検2級を取得。在籍していた同志社国際中学校で一般生史上初、帰国子女英語クラスに編入した経験を持つ。大学院では、言語情報科学専攻にて言語習得と外国語教育について研究を行う。

　学生時代から、家庭教師や塾講師を通して英語教育に従事し、日本語が原因で英語学習につまずいている生徒を多く目の当たりにしてきた。自身で教育事業を立ち上げた後も、国語力トレーニングを主軸に据えた英語教育を行っている。

日本語と英語 くらべてわかる
中3英文法

発行日　2023年7月10日
著者　　多田淑恵
発行者　面屋　洋
発行所　フォーラム・A企画

〒530-0056
大阪市北区兎我野町15-13
　　　　ミユキビル305号

TEL　（06)6365-5606
FAX　（06)6365-5607
振替　00970-3-127184

デザイン　和泉りきょう／ウエナカデザイン事務所
印刷　　　尼崎印刷株式会社
製本　　　高廣製本株式会社
制作編集　樫内真名生